乡村振兴研究文库

“中国近现代史纲要”教学资源建设研究项目（批准号：19JDSZK015）阶段性成果
河南大学马克思主义学院专项资金资助

当代中国农村信用合作史论

李爱勇◎著

中国经济出版社
CHINA ECONOMIC PUBLISHING HOUSE
·北京·

图书在版编目（CIP）数据

当代中国农村信用合作史论 / 李爱勇著. --北京：中国经济出版社，2022.8

ISBN 978-7-5136-7032-6

Ⅰ. ①当… Ⅱ. ①李… Ⅲ. ①农村信用社-发展史-中国-当代 Ⅳ. ①F832.9

中国版本图书馆 CIP 数据核字（2022）第 145618 号

责任编辑 丁 楠
责任印制 马小宾
封面设计 任燕飞

出版发行 中国经济出版社
印 刷 者 北京九州迅驰传媒文化有限公司
经 销 者 各地新华书店
开　　本 710mm×1000mm 1/16
印　　张 11.5
字　　数 140 千字
版　　次 2022 年 8 月第 1 版
印　　次 2022 年 8 月第 1 次
定　　价 78.00 元
广告经营许可证 京西工商广字第 8179 号

中国经济出版社 **网址** www.economyph.com **社址** 北京市东城区安定门外大街 58 号 **邮编** 100011

序言
preface

我对信用合作问题的关注，源于长期以来对中国近代金融史相关问题的研究，特别是在研究过程中对早期信用合作组织在中国的初步形成产生了兴趣。实际上，我早期主要是对一种信用合作方式的组织机构和发展线索进行了一定的探讨。在此基础上，我开始注重探讨信用合作思想的发展，特别是近代信用合作思想在中国的传播，诸如民国时期有诸多专家学者对信用合作思想的来源与适用问题的探讨。对信用合作思想等问题产生兴趣后，我就系统性地开展了中国近代信用合作思想史的梳理工作。这些初期研究，除了包括对几个阐发信用合作思想的代表人物的探索，还包括对信用合作思想流派的分析，还在最后初步形成了一部书稿。我的博士后爱勇对信用合作进行研究的成果能够得以出版令人欣慰。我很高兴能借此机会重新整合思想的碎片，以示对爱勇博士书稿出版的祝贺。

无论是 1844 年成立的罗虚戴尔消费合作社还是 1849 年成立的雷发巽信用合作社，目的都是反抗资本主义的共有制经济形式，并在一定程度上具有集体经济的性质。但是这种实验性质的半社会主义空想经济主要是自发形成的，不可能从根本上改变资本主义社会的经济制度。早在1875年，无产阶级的伟大导师恩格斯在《论俄国的社会问题》中指出，无产阶级革命的领导者需要通过示范和帮助，将小农经济的私人生产和私人占有转变为合作社的生产和占有，如果他们不能下定决心，就给他们时间进行考虑。1894年，恩格斯在《法德农民问题》中再次强调，大规模采用合作生产是向共产主义经济过渡的重要选择，在这一点上，马克思和他从来没有怀疑过。可见，选择合作社这种经济形式确实属于选择社会主义这个基本问题的范畴。

近代中国经济特别是农村经济较为落后，合作社经济成了挽救中国经济特别是农村经济的重要选项。在五四新文化运动时期，中国的知识分子就开始尝试用西方的合作经济改造中国经济（包括农村经济）。在大革命时期，中国革命的先行者孙中山曾将实行节制资本的合作制作为实现三民主义的重要手段。后来，北洋政府和南京国民政府颁发的信用社禁令宣告了中国资产阶级的第三条道路在经济合作方面的破产。国民党执政下的国民政府确实也曾规划并发展过自己的合作经济，但是，它所代表的并不是处于弱势地位的工农阶层的利益。与此相对，无论是在苏区、边区还是在解放区领导的合作社经济，中国共产党才是真正代表工农阶层利益的。

中国共产党领导的信用合作事业继承了恩格斯关于合作社经济的观点，也即无产阶级的领导者要示范并引导小农经济向合作社经济转变。同时，它也符合列宁关于合作社经济的思想设计，在无产阶级政权下，合作化是私人利益与共同利益结合的尺度。苏区、边区和解放区的信用合作事业正是这种尺度的体现。在新中国成立后的新民主主义时期，利用信用合作的形式引导农民走向社会主义的事业，已经是不可辩驳的现实了。所以本书是探讨中国近现代史基本问题的学术成果。

中国共产党在苏区、边区和解放区开创并发展的信用合作事业只有在新中国成立后才在全国范围内担当起使命。新中国成立初期，中国共产党领导的信用合作事业不仅有了稳定的社会环境，而且有因土地改革而广泛奠定的经济基础——私有的小农经济。在这个过程中，废除地主、商人的剥削和高利贷，建立农民阶级内部平等的经济合作关系，支持农业、农村和农民的发展，一直是在中国共产党领导下的信用合作事业的根本追求。整体来说，当代中国的农村信用合作事业确实在“三农”问题的解决方面发挥了十分重要的作用。

从历史条件上看，无产阶级政党的执政为个人利益与共同利益的结合创造了十分现实的环境，但又不得不经常与私人利益的发展做斗争。正因为如此，当中国选择社会主义发展方向时，刚刚建立的农村信用合作便义无反顾地社会主义化了，没有像恩格斯所说的那样“给他们一些时间”① 考虑问题。

从纯经济和纯金融的视角研究中国农村信用合作是大多学者的做法，也是大多学者批评当代中国农村信用合作名不符实的原因。与以往研究不同的是，爱勇将当代中国的政治环境、经济环境以及伦理道德环境作为综合考虑的因素，并在此基础上提出，当代中国农村信用合作的主要定位决定了它的基础、动力、风险和阻力。他特别提出了纯经济、纯金融视角的评价所加给农民的伦理风险以及

---

① 恩格斯:《论俄国的社会问题》,《马克思恩格斯选集》第 4 卷，北京：人民出版社 1972 年版，第 311 页。

这种视角的经济至上对当代中国农村信用合作产生的阻力。也正因为如此，在评价当代中国农村信用合作的作用并展望它的前景时，爱勇强调了中国共产党领导的农村信用合作一贯的民族情怀、国家情怀和为“三农”服务的初衷，而非纠结于它是否符合信用合作最初诞生时的基本原则，并认为当条件成熟时，中国的农村信用合作事业必将具有真正的合作金融属性，而且仍然会担负它曾经担负的使命。

孙建国*

2022年5月31日

* 孙建国：中国经济史学会近代经济史分会副主任，河南大学特聘教授，博士生导师，河南大学社会经济史研究中心主任。

自序

preface

2013年10月21日，河南汴京农村商业银行正式成立。至此，1951年成立的开封市农村信用合作联社终于告别了“信用合作”这个名头。在此期间，我正在它附近的一栋房子里紧张地修改着自己的博士论文《1950—1980年的上海私有住房》，散步的时候常常会从它的门前路过。当我看到昨天的“农村信用合作社”（简称信用社）变成了今天的“农村商业银行”，一种想探寻中国农村信用合作历史的欲望便油然而生了。

2014年9月，已经博士毕业的我通过申请进入了河南大学经济学院博士后流动站。当时，由于刚刚找到一份工作，我并未想着能很快确定自己博士后研究的主要方向。一个人的亲身经历在很大程度上影响着他的思想意识。我是从农村一路上学并最终在高校谋得一个教职的普通人，深深知道一个人想要改变自己的命运有多么艰难。之后一段时间，我似乎总是有意无意地将自己的过往与开封市农村信用合作联社的历史进行比较。这大概就是我最终选择将博士后的课题研究方向定为“农村信用合作”的主要原因吧。

要想真正理解这段金融史，就必须对经济学、金融学等进行深入学习。这对于历史专业出身的我来说是一个巨大的挑战。后来，我曾不断地回想自己博士论文的选题确定过程。上海这座代表中国近代100多年历史的城市，在新中国初期用工人新村这种公有住房的建设诠释了社会主义城市的空间意义。我的博士论文开题报告原来是以“新中国成立后的上海公有住房”为主题的。但是，攻读博士学位期间的学术训练提醒我进行逆向思考，新中国成立之后的上海私有住房更能反映社会主义城市空间的意义，而且这是少有人关注的选题。最终，我的博士论文就以“私有住房”为主题了。

至此，我便决定慎重考虑一下，是否迎接“农村信用合作”给我带来的挑战。经过仔细地搜寻史料，我对农村信用合作有了比较详细的了解。学术界关于农村信用合作的研究主要集中在民国时期和改革开放以来，当发现农村信用合作理论是为了解决近代中国农村问题而引入时，我感受到了中国农村信用合作的历史意义。新中国成立后到改革开放前的农村信用合作是中国整个农村信用合作的有机组成部分，将其纳入一个完整的农村信用合作的历史视野中，会有新的启示。

农村信用合作源于英国、德国的农村信用合作实践以及科学社会主义的信用合作理论，具有意识形态色彩和革命历史意义。近代中国共产党通过农村信用合作以实践其农村治理和社会改造思想。中国农村信用合作的历次改革都将高利率、高利贷作为重要的打击对象，民间借贷也因此无法进入合法金融的行列，这些做法都源于中国共产党对农民、农村和农业的深厚感情。

本书就是要在讨论农村信用合作的基础、动力、风险、阻力以及作用的时候，以它的基本历史和主要定位来不断规范自己的论述，并特别突出农村信用合作中中国共产党对农民的情怀、知识分子对农村信用合作的情感和农民信用道德的交流等。正因为如此，本书并未纠结于农村信用合作的本初定义，而是侧重于强调其为农村经济乃至中国经济做出的巨大贡献，希望学界同人共同探讨。

李爱勇

2022 年 6 月 15 日

目录
contents

导论　当代中国农村信用合作的渊源 ……………………………… 001

第一节　学术研究现状及选题意义 ………………………………… 003

第二节　信用合作社的起源与引入 ………………………………… 006

第三节　革命年代的信用合作实践 ………………………………… 011

第一章　当代中国农村信用合作的基本历史 …………………… 017

第一节　农村信用合作的中国式选择 ……………………………… 020

第二节　农村信用合作的纠结型发展 ……………………………… 024

第二章　当代中国农村信用合作的主要定位 …………………… 031

第一节　新中国成立初期农村信用合作社性质的确定 …………… 034

第二节　对农村信用合作社性质的长期坚持 ……………………… 038

第三节　对农村高利贷的抑制和打击 ……………………………… 041

第四节　当代中国农村信用合作的学术认知 ……………………… 047

第三章　当代中国农村信用合作基础论 ………………………… 051

第一节　农村信用合作的政治前提 ………………………………… 053

第二节　农村信用合作的经济基础 ………………………………… 057

第三节　农村信用合作的伦理保障 ………………………………… 060

第四章　当代中国农村信用合作动力论 …………………… 067

第一节　农村信用合作的制度供给 …………………… 069
第二节　农村信用合作的民间发明 …………………… 078
第三节　农村信用合作的非正规机构 …………………… 081

第五章　当代中国农村信用合作风险论 …………………… 091

第一节　农村信用合作的政治风险 …………………… 093
第二节　农村信用合作的经济风险 …………………… 097
第三节　农村信用合作的伦理风险 …………………… 103

第六章　当代中国农村信用合作阻力论 …………………… 107

第一节　农村信用合作的制度抑制 …………………… 109
第二节　农村信用合作的经济至上 …………………… 115
第三节　短期失信与高利贷的影响 …………………… 119

第七章　当代中国农村信用合作的作用与前景 …………………… 125

第一节　借助国家力量推动经济的发展 …………………… 127
第二节　借助民间力量互补农村金融市场 …………………… 131
第三节　克服金融信息不对称和道德风险 …………………… 135
第四节　中国农村信用合作的希望 …………………… 139

参考文献 …………………… 144

后记 …………………… 170

导 论

当代中国农村信用合作的渊源

当前学术界对中国农村信用合作的研究至少建立在两个前提之上，第一，以往对农村信用合作的研究是一种什么样的状况？第二，当代中国农村的信用合作是从哪里来的？

第一节　学术研究现状及选题意义

学术界目前关于农村信用合作的研究主要集中在民国时期和改革开放以来，现实关注十分突出。如杨红运关于江苏农村金融（《华南农业大学学报》2014 年第 1 期）、王方中关于农村金融枯竭（《近代中国》1997 年第 8 期）、许永峰关于商资归农（《中北大学学报》2011 年第 8 期）、昝金生关于江南农村信用合作社和农村金融（《中国农史》2003 年第 3 期、苏州大学 2011 年博士论文）、颜维怀关于江苏省农民银行农贷（华东师范大学 2007 年硕士论文）、刘椿关于农村信用合作运动和政策（《南京社会科学》2005 年第 6 期和《社会科学辑刊》2005 年第 7 期）、于治民关于中国农村金融状况（《民国档案》1992 年第 7 期）、张晓辉等关于广东省银行农贷（《抗日战争研究》2011 年第 11 期）、成功伟关于四川农村合作金融体系（《社会科学研究》2010 年第 11 期）和张彬关于四川农业贷款（四川师范大学 2011 硕士论文）的研究等。

相关专题研究有关于合作金库的研究（李顺毅，南开大学 2012 博士学位论文；潘标，《浙江学刊》2012 年第 1 期；成功伟，《西南民族大学学报》2014 年第 8 期等）；有关于民间借贷的研究（李金铮，《历史研究》2006 年第 6 期和《抗日战争研究》2001 年第 9 期；温锐，《近代史研究》2004 年第 5 期；冯剑，南开大学 2012 年博士论文；李道永，郑州大学 2012 年博士论文；姚志成，《中国档案》1999 年第 8 期；黎志刚，《昆明理工大学学报》2011 年第 4 期；郑永福等，《江西财经大学学报》2012 年第 1 期；顾玉乔，安徽大学 2014 硕士论文等）；也有关于华洋义赈会的农村合作研究（陈意新，《南京大学学报》2005 年第 5 期）等。

有关新中国成立初期农村信用合作的研究有助于梳理农村信用合作社的历史，也有助于理解新中国的农村信用合作。目前，相关研究或注重政策演变，如苏少之等的《建国前后人民政府对农村私人借贷政策演变的考察》（《第五届国史学术年会论文集》2005 年第 9 期）；或注重农村借贷活动，如常明明研究了以鄂湘赣为中心的农村信用合作社的借贷活动、私人借贷与“三农”的关系、农村私人借贷的社会经济效果、乡村借贷方式以及乡村个体农民融资途径等（《中国农史》2006 年第 3 期、2007 年第 2 期、2008 年第 3 期，《求索》2007 年第 6 期，《当代中国史研究》2009 年第 4 期等），孔荣等研究了农户借贷的担保问题（《中国农村经济》2009 年第 11 期）。整体而言，将政策制定、信贷实施和社会效果结合起来的研究还不足。

为了寻求当前中国农村信用合作社的改革之路，不少学者开始注重研究国外农村信用合作社以资借鉴。美、日、德、法、意等发达国家和印度、南亚等发展中国家都成为学者关注的对象。如鲍静海等关于德、法、美、日合作金融的研究（《国际金融研究》2010年第4期）、刘媛媛关于德国农村信用合作社的研究（《世界农业》2012年第4期）、张刚峰等关于意大利农村信用合作社的研究（《中国农村经济》2003年第2期）、陈玉宇关于印度农村信用合作社的研究（《改革》1996年第4期）、王志刚等关于南亚三国农村金融的研究（《经济问题》2008年第12期）。另外，学术界积极开展学术研讨会以探讨中国农村信用合作的未来。

可以看出，学者所担心的问题是农村信用合作社是不是真正意义上的合作金融组织。郑良芳、王光宇、訾红旗则专门呼吁要将之建成真正意义上的合作金融组织，改变农村金融的“边缘”状态（参见《中国农村经济》1999年第10期、《银行家》2007年第3期、《瞭望》2007年第Z1期）。马陵合反思了地方银行的定位与作用（《中国农史》2010年第9期），易棉阳关注了国家农贷中的悖论（《中国社会经济史研究》2011年第12期），戴乐旺认为农贷有一个理性与道德的紧张问题（江西师范大学2003年硕士论文），孙建国等则认为信用担保制度建设是农村金融发展的一个重要前提（《中国经济史研究》2007年第1期和《史学月刊》2013年第7期）。2014年10月11日和12日，中国经济史学会在河南开封召开了“经济转型与社会经济持续发展”国际学术研讨会。林展、刘秋根、龚关、赵学军、朱荫贵、黎志刚等分别提交了《阶级身份、互联性交易、季节性与民间借贷》《晋商放账铺与近代农村金融》《两次全国合作会议与农村合作金融制度的演进》《信用担保制度的变迁与农户融资的困境》《抗战时期的国统区农村金融》《宋代民间借贷关系与小农经济》等论文。与会学者在研讨时一致认为，目前农村金融和农村信用合作的建设问题不是对已有的信用社进行改革所能根本解决的。

其实，新中国成立以来，中国形成了城乡二元的社会结构，中国农村信用合作社的建设一直受到这种社会结构的影响。本书的主旨在于探讨影响新中国成立后中国农村信用合作发展的社会历史因素，在厘清其历史脉络的基础上对其进行一种相对积极的评论。本书论题的理论意义在于总结历史经验与教训，突破以往学者研究的时段局限，深入理解当时的民间资本和金融运作，为中国农村金融的发展建言献策。在实践意义层面，注重民间资本和农村资本的运作，契合当前政府大力扶植中小企业融资的政策，因而可以为农村中小企业（如养殖企业、农场企业等）和相关资本的融通提供参考，从而为政府制定相关政策提供建议，更好地促进中小企业特别是农村相关产业的发展，为农村发展和国民经济的协调发展发挥良好的助推作用。

第二节　信用合作社的起源与引入

人类很早就在社会经济生活中采取合作互助的形式共谋生存，并在这个基础上产生了各种合作组织。例如，中国古代就有“社仓”“钱仓”“合会”等社团组织和行会组织。但是，作为一种经济制度，合作首先是资本主义经济的产物，它产生的经济基础是资本主义商品经济，社会基础是资本主义社会的基本矛盾。具体而言，最初的合作组织是经济上处于弱小地位的一部分人，为了对抗大资本家的压迫和剥削自发联合起来，由此进一步产生了希望通过合作制度去解决资本主义社会固有矛盾的思想。这是合作思潮初期的主要特征。在资本主义社会中，处于经济上弱小地位的人主要是农民、城市手工业者等小生产者、工资收入者（主要是工人阶级）等三大类。最早提倡合作经济的是英国和法国的空想社会主义者罗伯特·欧文、傅立叶等。但是，他们采取的是阶级调和政策，希望通过发展合作经济，解决资本主义社会的基本矛盾，实现资本主义社会到社会主义社会的和平转变。实践证明这是行不通的，空想社会主义最终失败。

从实践的起源上看，世界上最早的合作经济是在英国出现的。1844年冬，28个法兰绒纺织工人在曼彻斯特附近的罗虚戴尔小镇发起组成了一个消费合作社，确立了入社自由的"门户开放"、一人一票的"民主管理"等原则。罗虚戴尔原则虽然产生于消费合作，但对之后产生的生产合作、供销合作甚至是信用合作，都有重要的指导意义。世界上最早的信用合作社产生于德国。雷发巽（1818—1888年）于1849年捐款6000马克，在莱茵河畔一个叫作安赫生的村子创办了世界上第一个信用合作社，1854年又创办了第二个信用合作社。但是这种单靠少数人捐款的方式来建设信用合作社不如发扬群众的互助精神，也就是雷发巽后来讲的一句名言——"人人为我，我为人人"的精神。1962年，雷发巽按照这种精神在普鲁士的亚胡逊正式建立了一个由农民参加的信用合作社。在这个信用合作社的示范作用下，逐步推广开的信用合作社到1877年已经发展到了30个，雷发巽的伟大创举开创了信用合作事业的新纪元。信用合作社的成功给农民以事实的教育，增强了农民的信心，信用合作社迅速发展起来。同时在德国的影响下，信用合作社在整个欧洲普遍兴起，法国、荷兰、瑞士、奥地利、俄国、英国等都先后创办了信用合作社，形成了一股规模宏大的群众性合作运动。

19世纪后半期，在无产阶级政党开始从领导工人运动转向夺取资本主义政权的形势下，如何对待欧洲正在兴起的合作运动成为无产阶级领导者必须思考和对待的重大策略问题。当时，恩格斯在《法德农民问题》中讲道，“在向完全的共产主义经济过渡时，我们必须大规模地采用合作生产作为中间环节，这一点马克思和我从来没有怀疑过”。[①] 对于合作的具体方法，恩格斯进一步提出，“我们对于小农的任务，首先是把他们的私人生产和私人占有变为合作社的生产和占有，但不是采用暴力，而是通过示范和为此提供社会帮助”，“如果他们下决心的话，就使他们易于过渡到合作社。如果他们还不能下决心，那就给他们一些时间，让他们在自己的小块土地上考虑考虑这个问题”。[②] 可见，作为无产阶级革命导师的恩格斯是充分估计到了合作经济的长期性和艰巨性。

到了 20 世纪初，特别是第一个社会主义国家苏俄诞生之后，无产阶级领导者列宁等认识到，合作社是建设社会主义的最好方式，国家也有条件给合作社以大量的财政援助。“在新经济政策时期，使俄国居民充分、广泛而深入地合作化，这就是我们所需要的一切，因为现在我们已经找到了私人利益、私人买卖利益与国家对这种利益的检查监督相结合的尺度，找到了使私人利益服从共同利益的尺度，而这是过去许许多多社会主义者解决不了的难题”，“幻想出种种工人联合组织来建设社会主义，是一回事；学会实际建设社会主义而使所有小农都能参加这个建设，又是一回事。我们现在达到的就是这段阶梯”。[③] 也就是说，在无产阶级掌握政权的条件下，引导农民走向社会主义，不再是“幻想”

---

① 恩格斯：《法德农民问题》，《马克思恩格斯全集》第 36 卷，北京：人民出版社 1976 年版，第 416 页。

② 恩格斯：《论俄国的社会问题》，《马克思恩格斯选集》第 4 卷，北京：人民出版社 1972 年版，第 310–311 页。

③ 列宁：《论合作社》，《列宁选集》第 4 卷，北京：人民出版社 1960 年版，第 681–682 页。

而是现实了。

在中国，民主革命先驱孙中山提出的“平均地权，节制资本”政策是其“三民主义”思想的重要组成部分，而合作制是他提出的实现这一政策的中间手段。他在民生主义第一讲中这样说：“分配社会化就是新发明，这种发明叫作合作社，这种合作社是由许多工人联合起来组织的。工人所需要的衣服饮食，如果要向商人间接买来，商人便从中取利，赚很多的钱。工人因为想用贱价去买得好物品，所以他们便自行凑合，开一间店子，店子内所卖的货物都是工人所需要的。所以工人常年需要的货物，都是到自己所开的店子去买，供给既便利，价格又便宜。到了每年年底，店子所得的盈利，便依雇主消费的多少分派利息。”① 孙中山用这种通俗语言介绍合作经济的基本原则，与他的“节制资本”思想是一致的。另外，他还在《地方自治开始实行法》中提出地方自治的几件事就有农业合作、交易合作、银行合作、工业合作、保险合作等。可见，他是把合作经济作为救国救民、建设新中国的道路提出来的。

五四运动之后，爱国知识分子开始进一步将欧洲的各种先进经济思想介绍到中国来，以此探索中国富强的道路，中国合作经济思想的启蒙和实践便由此开始。其中，最积极的代表人物当属薛仙舟了。他通过创建“平民周刊社”创办刊物来进行合作思想启蒙教育，具体有宣传合作经济思想、进行合作经济教育、讲授合作理论等做法。1919 年，薛仙舟发起创办了“上海国民合作储蓄银行”作为推广信用合作的示范。该银行移植了德国“许尔志”式的合作银行，实属中国第一个城市信

① 孙中山：《三民主义（1924 年 1 月至 8 月）》，《孙中山选集》，北京：人民出版社 1956 年版，第 823 页。

用合作社。上海国民合作储蓄银行虽然1930年停业，但对以后的合作运动起到了重要的启蒙和示范作用。

1920年中国北方五省旱灾救济工作结束之后，“中国华洋义赈救灾会”为处置300多万元救灾余款，专门开会讨论并建议把这笔款项用于发展农村信用合作社，帮助农民解决生产和生活困难。“义赈会”于1922年成立“合作委员会”，专门负责信用合作事业的组织和推动。中国从此出现了一个以上海福利团体为领导、社会知识界参与的中国早期信用合作事业局面。实际上，“义赈会”也在推动信用合作方面采取了一些比较可行的办法，具体而言主要有：拨出经费作为宣传、调查、试验之用，出版定期刊物《合作通讯》，出版中外文丛刊80余种，建立图书馆；举办训练班，利用冬季农闲季节开办合作讲习所，训练和组织信用社人员；仿照德国雷发巽式信用合作社草拟中国信用社章程，并帮助建立基层信用社；为了推动农村信用合作事业，“义赈会”与社会团体、学术团体以及其他农村建设事业部门进行密切合作，推动农村经济建设；拨出款项支持信用社的建立，无论是“义赈会”直接组织的信用社还是群众自发组织得到“义赈会”认可的信用社，都会经常得到“义赈会”的贷款支持。1923年，“义赈会”在河北省香河县城内组织成立了第一个信用社。同时，涞水县城关和定县悟村群众自发建立的信用社也被“义赈会”承认。这是中国农村最早建立的信用社。到了1927年，“义赈会”建立和承认的信用社已经接近500个。[①]

中国合作经济的第一次大规模实践是1924年开始的。加上当时社会福利团体的具体扶持和组织推动，农村信用合作出现了蓬勃发展的形

① 卢汉川主编：《当代中国的信用合作事业》，北京：当代中国出版社1998年版，第22页。

势。毛泽东在其著名的《湖南农民运动考察报告》中指出："合作社，特别是消费、贩卖、信用三种合作社，确是农民所需要的。"① 1927 年 2 月，黄冈县团风镇建立信用社，还发行了"黄冈县农民协会信用合作社流通券"。当年，闽西上杭蛟洋区农民协会创办的上杭蛟洋区农民银行也属于信用社性质。

第三节　革命年代的信用合作实践

1928—1937 年，各类合作社的数量有一定增加，且以信用合作形式为主。当时，各种学术团体、刊物和书籍都进行了合作理论的宣传，大专院校则开办合作课程，讲述合作理论以培养合作人才。官办的"中国合作学社"和民办的"中国合作运动学会"等各种学术团体和大学都积极进行农村调查，并在 1930 年代初风靡一时。不少具有先进思想的知识分子致力于中国的合作事业。他们认为合作制度是最适合中国情况的、最理想的社会经济制度，期望通过"合作主义"探索中国富强的道路，从而形成了中国农村改良主义运动的高潮。这种主张认为，在信用方面实行合作可以消灭高利贷、建立平民的信用，在供销方面实行合作可以避免劣商剥削，在生产方面进行合作可以扩大生产规模、采用先进技术、提高生产能力。

在"合作主义"的指导下，许多地方建立了合作社的实验区，以此来创造经验，指导合作运动。当时的各合作学会和很多大专院校都有自己的实验区。例如，江苏吴县光福合作实验区、丹阳县合作实验区、

① 毛泽东：《湖南农民运动考察报告》，《毛泽东选集》，北京：人民出版社 1991 年版，第 40-41 页。

浙江嘉兴县合作实验区、燕京大学的清河实验区、金陵大学的安徽和县乌江实验区、山东乡村建设研究院的邹平实验区、中华民族教育促进会的河北定县实验区等。这些实验区或着重于合作教育，或着重于增强农民“自有、自理、自强”的能力，或着重于社会政治方面的改革。大多数实验者都认为一个县是最适合的实验范围。

梁漱溟主持的山东邹平实验区是推行“合作主义”最具代表性的例子。梁漱溟认为，资本主义和共产主义都不适合中国，只有“合作主义”才适合中国，因为中国只有职业分工，不存在阶级对立，不需要进行阶级斗争和革命；他提倡先觉的知识分子到农村去开展乡村运动，建立合作社，实现社会均衡。他试图在邹平建立农民“共营、共享、共有”的合作制度，甚至用村学代替政府机关。后来，梁漱溟自己也觉察到，农民“共有”社会的做法，不符合中国农村的实际情况和农民要求，因此是无法取得他所设想的成功的。①

国民政府在建立之后也开始重视合作运动，并逐步将各种社会福利团体纳入管理的范围，建立合作指导委员会等行政部门以便进行管理。对于“义赈会”领导与支持下的河北省信用合作社的建立和发展持肯定态度。因为“义赈会”在河北推动的信用合作取得了一定成效，树立了威信，扩大了影响，通过救灾款的发放组织信用合作社。“义赈会”通过组织互助社作为信用合作社的预备社，把救灾款贷给互助社，办理比较好、贷款能够收回的互助社就转为信用合作社。据“义赈会”宣称，它在湖北组织的信用合作社最终达到了 781 个。

国民政府还先后在省、县等政府部门建立了省合作指导委员会、县合作指导组。江苏省最早建立合作行政，于 1928 年在管理农业的农矿

① 卢汉川主编：《当代中国的信用合作事业》，北京：当代中国出版社 1998 年版，第 30 页。

厅设立合作指导委员会，制定了《合作暂行条例》及实施细则。随后，浙江省也制定了《农村信用合作暂行条例》。1935 年以前，国民政府虽然也颁布过合作社管理暂行条例等规定，但并没有设立中央的合作行政管理部门。1935 年，国民政府召开全国合作事业讨论会，并随后在中央政府实业部设立了合作司，主管全国合作事业，正式公布《合作社法》及其实施细则。1936 年，国民政府成立农本局和合作金库；1939 年，国民政府又成立全国合作事业管理局专门管理合作经济。

根据统计，到 1932 年，湖北的黄安、罗田、英山、沔阳、通城等 9 县，共成立预备社 807 个，社员 44828 人，贷款 319864 元；在河南的潢川、光山、商城等县成立预备社 363 个，社员 23273 人，贷款 129419 元。整个国民政府统治区，从 1931 年到 1935 年，各类合作社由 1000 多个增加到 2 万多个，农村信用合作社是主要形式。例如，1931 年各类合作社 1576 个，信用合作社有 1379 个，占 88%；到了 1934 年和 1935 年，信用合作社的比例分别为 80% 和 58%，但仍然是主要形式。不过，参加合作社的人口占总人口的比例仅为千分之一，发展最好的江苏省也只有千分之六。[①] 可见，南京国民政府时期，信用合作有了一定的发展，但还远远不够，对于发挥其在农村经济、社会发展方面的作用还缺乏相当的力量。除了这些数据，当时的一些社会调查也有力地说明了这一点。

据曾在江苏省民众教育馆工作过的薛暮桥讲，这个民众教育馆也办了几个合作社，不过合作社的理事大多是乡长、村长。钱一批批放出去了，但大部分被乡长、村长扣去纳租和缴捐了。到了收钱的时候，农民

① 卢汉川主编：《当代中国的信用合作事业》，北京：当代中国出版社 1998 年版，第 34、35 页。

都说自己没有用钱，教育馆只能叫警察一家家去讨。据寒江的调查，自从农民银行在河北定县设立办事处后，穷苦的定县也有了合作社。最初组织合作社的是一个出身地主家庭、在上海一个专门学校学习美术的青年。他邀请几个地主、富农组织合作社，没有一户是中农或者贫农，因为他们没有“信用”，谁都不敢收留他们。但是，放债倒是放给非社员，利息是月息一分八厘，其中一分还银行，二厘是办事人的手续费，还有六厘是社员们的“红利”。[①] 不花本钱又可以得到“红利”，这种聪明的合作制度，大概要使信用合作社的创始人雷发巽惭愧万分了。

革命政权建立后，中国共产党就把分配土地和废债、废息、废除高利贷剥削作为土地革命的主要任务，同时提倡和保护民间自由借贷，发展信用合作以解决农民生产和生活资金困难。1929 年 1 月，中国共产党闽西第一次代表大会规定了废债的 6 条具体政策：第一，工农穷人欠土豪地主的债不还；第二，工农穷人自己往来账目及商家交易之账仍要归还；第三，社会还需要资金周转，利息不能取消，但必须禁止高利贷；第四，超过普通利息的高利贷本利不还，不超过者还本不还利；第五，商户、土豪、地主的欠债不论新旧都要归还；第六，“银会”“谷会”等农民经济互助组织应慎重处理。废债运动为开展信用合作排除了障碍，奠定了基础。

1932 年，中华苏维埃共和国成立了国家银行，开始领导农民组织信用合作社，并在资金上给予信用合作社以支持。[②] 当年 4 月，中华苏维埃临时中央政府发布《合作社暂行组织条例》，规定信用合作社的业务是便利工农群众经济周转和借款，以抵制私人的高利贷剥削。1933

---

① 卢汉川主编：《当代中国的信用合作事业》，北京：当代中国出版社 1998 年版，第 36 页。

② 胡必亮等：《农村金融与村庄发展》，北京：商务印书馆 2006 年版，第 69–71 页。

年 10 月，湘赣省苏维埃政府召开经济建设会议并制定《信用合作社章程》，规定信用合作社“以便利与帮助工农群众发展生产，实行低利借款，抵制高利贷剥削为宗旨。”① 1934 年 1 月毛泽东在江西瑞金第二次全国工农代表大会上说，“我们的国民经济，是由国营事业、合作社事业和私人事业这三方面组成的”，“合作社事业，是在极迅速的发展中。据一九三三年九月江西福建两省十七县的统计，共有各种合作社一千二百二十三个，股金三十余万元。发展得最盛的是消费合作社和粮食合作社，其次是生产合作社。信用合作社的活动刚才开始”。②

1943 年 11 月 29 日，毛泽东在陕甘宁边区劳动英雄大会上讲道，“在农民群众方面，几千年来都是个体经济，一家一户就是一个生产单位，这个分散的个体生产，就是封建统治的经济基础，而使农民自己陷于永远的穷苦。克服这种状况的唯一办法，就是逐渐地集体化；而达到集体化的唯一道路，依据列宁所说，就是经过合作社”，“目前我们在经济上组织群众的最重要形式，就是合作社”，“除了集体互助的农业生产合作社之外，还有三种形式的合作社”，“有了人民群众的这四种合作社，和部队机关学校集体劳动的合作社，我们就可以把群众的力量组织成为一支劳动大军。这是人民群众得到解放的必由之路，由穷苦变富裕的必由之路”。③

与这些合作社相辅相成的是各种信用合作组织，例如，1940 年关中赤水劳动英雄蒲金山创办了老户积粮（一年得利 20%）贷给新户

① 卢汉川主编：《当代中国的信用合作事业》，北京：当代中国出版社 1998 年版，第 39 页。

② 毛泽东：《我们的经济政策》，《毛泽东选集》第 1 册，北京：人民出版社 1966 年版，第 119 页。

③ 毛泽东：《组织起来》，《毛泽东选集》第 3 册，北京：人民出版社 1966 年版，第 885、886 页。

（一年出利 30%）的信用组织，1943 年米脂县各区农会为了帮助农民防荒成立了 17 个粮食信用社。以货币借贷形式的信用组织首称延安县南区的沟门信用社，它的前身是消费合作社兼营信贷业务，1943 年改为独立的信用社。沟门信用社 1944 年股金达 360 万元（边区货币，下同），吸收存款 580 万元，贷款 954 万元，初步建立了农村新的借贷关系。在它的示范带动下，1944 年底陕甘宁边区的信用社发展到了 86 个，资产达到了 5 亿元，1945 年更是增加到 15 亿元。[①] 信用社的建立对于打击高利贷，帮助农民解决困难，起到了很大作用。

1945 年以后，中国共产党领导的解放区的信用合作社获得了进一步的发展。当年，全国的解放区一共有信用合作组织 880 多个。[②] 晋冀鲁豫解放区的冀南银行把信用社作为开展农村金融工作的重要助手。它首先在太行地区建立信用社 56 个，除少数独立进行经营的信用合作社外，大部分是供销合作社内的信用部，名曰“混合经营”。这种形式的采用主要是因为农村处于自然经济条件下，货币信用关系不发达，借贷活动与物资供销相结合更能发挥作用。到了 1947 年，太行、太岳地区 16 个县共建立信用社（部）526 个，有的县中占 50%左右的行政村有了这种组织。[③] 这是中国共产党领导的解放区信用合作事业发展最快和最好的地区和时期。

---

① 卢汉川主编：《当代中国的信用合作事业》，北京：当代中国出版社 1998 年版，第 42 页。

② 刘社建：《农村商业银行研究》，上海：上海社会科学院出版社 2012 年版，第 11 页。

③ 卢汉川主编：《当代中国的信用合作事业》，北京：当代中国出版社 1998 年版，第 43 页。

第一章

当代中国农村信用合作的基本历史

新中国成立以后，中国共产党领导的信用合作在解放战争后期一度停顿，后又逐渐恢复。这里有两点是需要引起注意的：第一，国家由动荡不安走向和平稳定，农村信用合作有了一个基本但也是最重要的稳定环境。第二，新中国农村信用合作的经济基础仍然是新民主主义下的农民土地所有权，对经济关系的追求仍然是在中国共产党的领导下废除地主、商人剥削和高利贷，在农民内部建立平等的阶级关系和经济合作。因此，弄清楚新中国成立初期中国农村信用合作体系建立时的基本历史和主要定位，有助于调整学术研究对中国农村信用合作根本属性、历史发展、改革过程和基本现状的认知。

关于当代中国农村信用合作的基本历史，已有不少学者进行了研究。早在1980年，中国农村金融学会副秘书长、《农村金融研究》副主编路建祥，就将新中国农村信用合作的历史分为了重点试办农村信用合作、合作化高潮中的信用社工作、公社化初期的信用社工作和恢复农村信用社4个阶段。[①] 1991年，由中国农业银行副行长卢汉川主编的《中国农村金融四十年》也对新中国农村信用合作的历史阶段有所研究。[②] 2016年，青年学者陈俭将新中国农村信用合作社的历史划分为按

① 路建祥：《新中国信用合作社发展简史》，北京：农业出版社1981年版，第1-119页。

② 卢汉川主编：《中国农村金融四十年》，北京：学苑出版社1991年版；卢汉川主编：《当代中国的信用合作事业》，当代中国出版社1998年版，第44-256页。

照合作制普遍建立时期（1951—1957 年）、合作制遭到破坏时期（1958—1979 年）、恢复合作制的改革时期（1980—2002 年）、多元模式的深化改革时期（2003—2010 年）4 个阶段。①

通过学者的研究可以看出，卢汉川对新中国农村信用合作的历史阶段的划分在措辞上和路建祥虽然有所不同，但是二人都是将中国社会发展、转变作为农村信用合作发展阶段的主要划分标准；陈俭则集中于对新中国农村信用合作社的根本属性合作制的研究之上，并以此作为划分新中国信用社历史阶段的唯一标准。笔者接下来对新中国农村信用合作历史基本阶段的叙述，兼顾中国社会发展和农村信用合作根本属性。

第一节 农村信用合作的中国式选择

新中国成立初期的农村信用合作事业（1949—1953 年）是在中国共产党的领导下建立起来的，它是革命年代中国共产党领导的苏区、边区和解放区的农村信用合作事业的一种延续，其建立的初衷和目的、形式与特点、主要情结和领导力量都没有发生根本性的变化。

解放战争中陆续展开的土地改革运动一直延续到新中国成立初期的前几年。它一方面激发了农民“组织起来”的积极性，这为以后的农村信用合作事业的建立奠定了组织基础；另一方面也激发了农民的生产积极性，这样原本底子薄的农民对调剂资金余缺的需求就更加突出了，这是以后农村信用合作事业建立的经济基础。有了活跃的农业生产，自由的民间借贷就会随之产生并发展起来。根据山西省的调查，1951 年春耕季节临县张家沟的 137 户农民中有 27 户贷出粮食 207 石，借债户

① 陈俭：《中国农村信用社研究（1951—2010）》，北京：北京大学出版社 2016 年版。

为 25 家，月息一般为四分，少数甚至超过了四分。但政府规定的自由借贷利率不得超过三分，所以放债人怕被当作剥削处理，而借贷人又怕告贷无门，大多选择隐蔽进行。①

1951 年 5 月，中国人民银行召开第一届农村金融会议，提出了加强农村金融工作和发展信用合作的任务，强调中国人民银行县支行是农村金融工作的领导者和组织者。除了有条件、有重点、有步骤地全面开展农村金融业务外，县支行的一项重要工作就是倡导私人借贷，组织并指导各种类型的信用组织，使国家银行的工作和农民自己的信用活动密切地结合起来。因为银行在农村金融工作的任务已经从单纯由国家供应资金、发放农业贷款为主转向调剂资金为主，即在农村组织存款，用农村的钱支持农村经济发展，所以中国人民银行提出积极发展信用合作，逐步建立农村新型信用关系，是农村金融工作的重要任务。县支行要在集镇上建立营业所，同时展开信用合作工作。②

随后不久，中央人民政府政务院批准的中国农业合作银行于 8 月正式开业，③ 作为农村金融的领导机构，但是很快又被撤销了。但无论如何，要实现农村合作化和农业现代化这个长远的战略任务，仍然需要一个专业的农业合作银行。农业合作化前夕的 1955 年建立的中国农业银行就是这种需要的一种体现。在当时情况下，中国人民银行实际上就成了新中国农村信用合作事业的直接领导者。中国人民银行在 1951 年制定了《农村信用互助小组公约》《农村信用合作社章程准则（草案）》

① 卢汉川主编：《当代中国的信用合作事业》，北京：当代中国出版社 1998 年版，第 47 页。

② 卢汉川主编：《中国农村金融历史资料（1949—1985）》，湖南省出版事业管理局 1986 年版，第 64-65 页。

③ 1949 年 4 月，中国共产党领导的华北人民政府曾成立过一个农业合作银行，那是第一个扶助合作经济发展的专业银行。

《农村信用合作社业务规则范本（草案）》《农村信用合作社实行记账办法（草案）》等信用合作最初的组织章程。

1951年5月以前全国尚未建立信用合作工作的统一领导，各地党政部门多是因地制宜，自行安排。1951年5月以后，全国进行信用合作试点的工作逐渐推行开来。老解放区一般是在恢复和巩固原有信用社的基础上逐步发展新的信用社，新解放区一般以初级的小型信用互助组为主要形式，供销社建立较早、业务基础较好的则建立信用部。不同地区开展不同形式的试点起到了很好的示范作用，具体来说主要是帮助农民解决生产和生活上的资金困难、支持互助合作运动的发展、代理部分银行业务成为得力助手。试点工作中积累的经验有两点需注意，一是坚持在党政部门统一领导下发展互助合作工作，二是坚持自愿原则、防止强迫命令。

随着1952年冬至1953年春试点经验推广工作的实施，信用合作领导的经验得到了进一步推广。到了1953年底，中国人民银行总结近4年的工作时指出，“几年来信用合作从试点到初步发展，取得很大成绩。但是对农村高利贷和资本主义的某些发展警惕不够，在准许自由借贷存在的同时，没有足够注意把国家农贷和发展信用合作结合起来”。[①] 新中国农村信用合作事业的创建与革命年代的信用合作有着直接的承袭关系，其试点工作确实遵守了信用合作在理论上所规定的入社自愿、民主管理、不以营利为目的、自负盈亏等基本原则。但是，在社会主义改造的大背景下，党政领导的经验被重视起来，社会主义的农村信用阵地被强调出来，这为1954年新中国信用合作逐步开始的大发展做好了思想

---

① 卢汉川主编：《当代中国的信用合作事业》，北京：当代中国出版社1998年版，第83页。

准备。

1954—1956年是新中国实现信用合作化的大发展时期。这一时期的农村信用合作与农业合作化运动同步进行并经历了三个阶段。第一阶段是1954年全国掀起了信用合作的群众运动高潮，第二阶段是1955年“全力转向巩固”的信用社整顿，第三阶段是1956年最终实现信用合作化。

1954年2月，中国人民银行召开的全国信用合作会议学习了中共中央《关于发展农业生产合作社的决议》，提出了“积极领导、稳步前进”的方针，要求各级银行的工作因地制宜做到“既稳且快”，到年底建立3.4万到4万个农村信用合作社。同年4月开始出版的《中国金融》杂志也发表社论进行舆论配合。但是，由于5月底全国信用社就发展到3.4万多个，完成了原定的当年计划，8月份中国人民银行召开的全国分行行长会议决定将当年的信用社计划扩大到10万个。11月的全国第四次互助合作会议更是将信用社数目加码到了15万个，当月中国人民银行召开的反高利贷座谈会将高利贷活动严重的原因之一归结为信用合作没有开展起来，再加上《人民日报》于10月7日和12月7日分别发表的《积极发展农村信用合作》《积极发展信用社》两篇社论的推动，全国农村掀起了一场声势浩大的群众性的合作化运动，在秋后的3个月建立起了9万多个信用社。①

1955年3月，中国人民银行召开的全国农村金融工作会议认为，秋后3个月建立的9万多个信用社问题较多，因此确定了“全力转向巩固”的方针，以便整顿信用社资金量小、工作粗糙、社账不清、严重亏

① 卢汉川主编：《当代中国的信用合作事业》，北京：当代中国出版社1998年版，第90、93、96页。

损、缺乏民主等问题。为此，中国人民银行专门制定了《农村信用合作社示范章程（草案）》，对信用社的性质、任务、组织、业务经营、财物管理等做了原则规定。这次会议还提出了业务展开、账目清楚、民主管理健全、执行国家金融政策、群众拥护等5条巩固信用社的标准。经过整顿，1955年上半年福建省私人借贷利率已经由月息十分至十五分降到了一分至二分。到了1956年1月，中央再次降低农贷利率，信用社贷款利率随之由原来的月息一分五降到了七厘二，亏损由中国农业银行予以补贴。

到了1956年1月中国人民银行再次召开全国分行行长会议时，对原来信用合作工作执行的整顿方针进行了调整。1956年春，全国信用合作社已发展到16万个，全国97.5%的乡建立了信用合作社，信用合作化最终得到了实现。

中国共产党领导下的信用合作从革命年代一直走向了新中国成立初期，由于中国新民主主义社会要逐步走向社会主义，新中国的农村信用合作事业也就随之带有了社会主义的追求。中国共产党在领导农村信用合作事业的过程中，紧紧抓住了农民最为关心的资金利用成本问题，而且出于对农民的真心热爱，并没有让农村信用社自负盈亏。这种中国式选择下的农村信用合作社必然极大地受到农民的欢迎，也就会在很大程度上推动农村信用合作化的迅速发展。当绝大多数农民积极参与到信用合作这种群众运动的高潮之中时，入社的自愿原则便成了必须遵守的规范。

第二节　农村信用合作的纠结型发展

1957—1966年是中国开始全面进行社会主义经济建设的时期。

1958 年的“人民公社化”运动开始后，“三社合一”① 的经验被新华社以《三社合一在福建初见成效》为题进行了报道。由于实质上是对农村信用合作社的取消，“三社合一”并未在全国推广，但仍然为把信用社下放到人民公社做了舆论准备。1958 年 10 月，国务院在西安召开了全国财贸工作会议，提出“两放、三统、一包”（下放人员、资产，统一政策、计划和流动资金的管理，包财政任务）的财贸管理办法，并由 12 月中共中央、国务院发出的《关于适应人民公社化的形势改进农村财政贸易管理体制的决定》颁布。随后，根据上述精神，银行在农村的基层机构（营业所）和信用社合并，下放给人民公社成为公社的信用部。1959 年 4 月，中共中央发布《关于加强农村人民公社信贷管理工作的规定》，以期纠正下放过程中出现的问题。作为十分专业的金融工作，信用社的人权、财权、资金使用权在生产大队这种基层行政组织行使有时会引起混乱。因此，从 1961 年中国人民银行拟定《关于农村信用合作社若干问题的规定》后，中共中央、国务院开始逐渐恢复信用社原来的管理体制，并加强了对信用社的管理。

伴随经济调整和恢复出现的是商品经济市场和商业投机、高利贷的活跃。1963 年 6 月中国人民银行根据农村出现高利贷的情况向中共中央报送了《关于整顿信用社，打击高利贷的报告》，其中这样描述，“建国以来的经验一再证明，哪里的信用合作社办得好，哪里的高利贷活动就受到打击，无法活动；哪里的信用合作社办得不好，哪里的高利贷活动就死灰复燃，日益猖狂”。

如果说新中国成立初期是新中国农村信用合作社的创建和方向选择

① 1957 年下半年，福建省南安县莲塘乡开始进行把供销社合并到农业社成为供销部，把信用社合并到农业社成为信用部的试点，实质上取消了信用社的独立经营。

时期，那么随后的20年时间则是新中国信用社随着全国局势变化的时期。这一时期，信用社仍保持独立存在和经营，虽起着国家银行基层机构的作用，但并未明确是国家银行的基层机构。1977年8月，中国人民银行召开全国分行行长会议，暂时保留信用社集体所有制金融组织的名义，实际上接受了变成国家银行的农村金融机构这种意见。随后，11月28日国务院《关于整顿和加强银行工作的几项规定》便提出“信用社是集体金融组织，又是国家银行在农村的金融机构”。至此，信用社20年的发展可以概括为，“两次把信用社下放给公社管理，脱离了银行的领导，造成信用社组织和信用的破坏，又不得不把信用社收归银行领导。每收回一次，都使信用社向银行靠拢一步，越靠越近，越像国家银行。到一九七七年两者已经难解难分，两种所有制金融组织的界限逐渐模糊，信用社的集体金融组织特点逐渐消失”。① 具体而言，所、社机构重叠，信用社与银行干部待遇基本一致，所、社业务分工界限难以划分，领导方法上的直接管理等现象被周脉伏概括成信用社亏损与社员无关、信用社职工身份“国家干部化”和“三会”制度被废止等特点，信用社职工利益最终形成。②

经过几年的徘徊，农村信用合作社和全国一样开始进入了改革开放的历史新时期，具体而言主要经历了5个阶段。首先是1980年开始的扩大自主权阶段，它是银行领导下的放权让利改革。当年6月至8月，中国农业银行总行分6个片区召开各分行行长座谈会。中共中央、国务院明确指出，“信用社应当办成真正集体的金融组织，把信用社下放给

① 卢汉川主编：《当代中国的信用合作事业》，北京：当代中国出版社1998年版，第178页。

② 周脉伏：《农村信用社制度变迁与创新》，北京：中国金融出版社2006年版，第6、7页。

公社办不对，搞成‘官办’也不对。信用社应该在农业银行的领导下，实行独立核算，自负盈亏。它要办得灵活一些，不一定受银行一套规定约束，要起到民间借贷作用”。[①] 随后的自主权改革主要包括适当扩大信用社的业务经营自主权，农业银行只管信贷计划，不管贷款审批；普及农村信用网点；适当提高农村信用社的贷款利率，缓解存贷利率倒挂矛盾，为自负盈亏做准备。这次的自主权改革的最大意义在于政府注意到了农民贷款困难，农村信用社应该独立存在、贴近农民。[②] 它的不足之处在于还只是业务经营的一点“自主”，远远不是合作制的“自主”。

从 1982 年开始，农村信用合作社的改革进入了第二个阶段，即恢复“三性”。当年 10 月，中国农业银行总行第三次扩大会议明确提出打破信用社是农业银行基层机构的管理体制，确定了恢复“三性”的改革方案和具体步骤。时任中国农业银行行长韩雷在 12 月的全国分行行长会议上说：“信用社作为集体所有制金融组织本身所固有的本质东西，即组织上的群众性、管理上的民主性、业务经营上的灵活性，实际上大大削弱了，有些地方甚至没有了。这样也就不能不损害它和农民群众的紧密联系，不能不大大削弱它影响农村信用市场的能力。这样，信用社也缺乏生命力。”[③] 之后，各省便在一两个县进行试点并于 1983 年全面推开，主要做法是：清理股金，落实股权，补发社员证，扩大股金，发展新社员，对于新股实行保息分红；召开社员代表大会，选举新的理事会和监事会；扩大信用社的贷款范围，简化贷款审批手续；内部加强了责权利相结合的责任制。

---

① 《1980 年中国人民银行分行长座谈会会议纪要》；卢汉川主编：《中国农村金融历史资料（1949—1985）》，湖南省出版事业管理局 1986 年版，第 595 页。

② 周脉伏：《农村信用社制度变迁与创新》，北京：中国金融出版社 2006 年版，第 104 页。

③ 卢汉川主编：《当代中国的信用合作事业》，北京：当代中国出版社 1998 年版，第 213 页。

1984 年 11 月，国务院《关于严格控制财政支出和大力组织货币回笼的紧急通知》要求严格控制贷款的发放。1985 年 4 月，中国人民银行《关于控制一九八五年贷款规模的若干规定》对贷款总规模进行严格控制。具体而言，当时的情况主要是：严格控制农业银行对农村信用合作社的支持款，农业银行加大信用社的转存款任务，“多存多贷”的权利被收回；信用社转存款利率（月息 0.39%）低于存款成本（月息 0.54%），导致亏损；取消利润承包，限制奖金发放，自主权被剥夺。随后，在经历了两年脱离农业银行转归人民银行领导后，信用社仍在继续改革，直到 1995 年都没有改变中国农业银行的直接领导模式，恢复“三性”的改革并没有使信用社获得根本性的改变。

从 1996 年开始，农村信用合作社进入了第三个阶段的改革，即合作制规范阶段。恢复“三性”改革使中央政府意识到，只有脱离农业银行，实行合作制，才能为信用社恢复“三性”提供制度保障，才能更贴近农民、为农民服务。1996 年 8 月 22 日，国务院《关于农村金融体制改革的决定》提出，“农村信用社管理体制改革，是农村金融体制改革的重点”，“把农村信用社逐步改为由农民入股、由社员民主管理、主要为入股社员服务的合作性金融组织”，“与农业银行脱离行政隶属关系，对其业务管理和监督分别由农村信用社县联社和中国人民银行承担，然后按合作制原则加以规范”。当年年底，信用社已经与中国农业银行“脱钩”了，清资扩股工作逐渐展开，民主管理得到了形式上的恢复，社员贷款优先且利率优惠，市地联社也逐步建立。到了 1998 年，信用社成为有垄断性质的正规金融机构，即官方的“主力军”。

从 2003 年开始，农村信用合作社又开始了以产权和法人改革为核心的第四阶段的改革。国务院《关于印发深化农村信用社改革试点方案的通知》（国发［2003］15号）指出，农村信用社“产权不明晰，法人治理结构不完善，经营机制和内控制度不健全；管理体制不顺，管理职权和责任需要进一步明确；历史包袱沉重，资产质量差，经营困难，潜在风险仍然很大”。中共中央、国务院联合发布的《关于做好农业和农村工作的意见》（中发［2003］3号）则提出了信用社改革的总要求，“明晰产权关系，强化约束机制，增强服务功能，国家适当扶持，地方政府负责”。随后，2003—2005年，中共中央、国务院、中国人民银行等部门密集发布了《农村信用社改革试点专项中央银行票据操作办法》《农村信用社改革试点专项借款管理办法》《农村信用社改革试点资金支持方案实施与考核指引》《农村信用社改革试点专项中央银行票据对付考核办法》《关于农村信用社改革试点方案》《关于印发深化农村信用社改革试点方案的通知》《关于进一步深化农村信用社改革试点的意见》《农村信用社改革试点专项中央银行票据兑付考核操作程序》等多个文件。具体体制可以因地制宜地选择股份制银行机构、县（市）联社统一法人或县乡各位法人等多元模式，改革也很快由江苏模式推向全国范围。

从2011年起，改革的重点变成了推进农村信用合作社股份制改革，不再审批农村合作银行，农村合作银行要全部改制为农村商业银行，其他信用社联社符合条件的也要尽快向农村商业银行改制。决策层在构建全省统一法人农村商业银行方面极为慎重，更努力推动构建县级农村商业银行。其中，最主要的理由是：一是担心不符合条件的省级信用社联社改制为农村商业银行，其存在的坏账等问题会对金融体制造成较大的冲击。二是担心信用社改制为农村商业银行后，影响其发挥支持“三农”的重大作用。所以，短期内难以构建全省统一法人农村商业银行，县农村商业银行将成为农村商业银行主力军。但从长期来看，构建全省统一法人农村商业银行仍然是信用社努力的方向。[①]

综上所述，1957 年以来的农村信用合作社的发展，也是通过一步步的改革逐渐恢复其“三性”并规范合作制的过程。虽然改革开放前后的经历大不相同，但是信用社在半个多世纪中一直都在不断地改革，与信用社发展密切相关的各方及其关系和关注点也没有发生实质性的变化。中央政府一方面担心农民贷不到款，另一方面又怕信用社因为农民贷款而亏损；信用社职工利益一旦形成便一直从自身利益出发而非从信用社本身来考虑改革中的各种问题；基层的群众和普通社员也多从贷款和资金本身而非民主管理、入社自愿来决定是否配合信用社的改革。这些问题都是由信用社本身的主要定位决定的，需不断调整完善。

① 刘社建：《农村商业银行研究》，上海：上海社会科学院出版社 2012 年版，第 32-33 页。

第二章

当代中国农村信用合作的主要定位

在新中国成立前夕，中国共产党的革命家就对新民主主义向社会主义的过渡进行了重要论述，其中也包括合作问题。1949 年 3 月，毛泽东在中共七届二中全会上再次强调："必须组织生产的、消费的和信用的合作社和中央、省、市、县、区的合作社的领导机关。这种合作社是以私有制为基础的在无产阶级领导的国家政权管理下的劳动人民群众的集体经济组织。中国人民的文化落后和没有合作社传统，可能使得我们遇到困难；但是可以组织，必须组织，必须推广和发展。单有国营经济而没有合作社经济，我们就不可能领导劳动人民的个体经济逐步走向集体化，就不可能由新民主主义社会发展到将来的社会主义社会，就不可能巩固无产阶级在国家政权中的领导权。"①

虽然革命年代的中国共产党支持、提倡建立农村信用合作社，但是已经明确了它要受到无产阶级的领导，它是改造广大小生产者的工具，是用于从新民主主义向社会主义过渡和巩固无产阶级领导权的。这是为信用社定下的一个历史基调，这也决定了新中国成立初期广泛建立信用社的主要定位。

① 毛泽东：《在中国共产党第七届中央委员会第二次全体会议上的报告》，《毛泽东选集》第 4 卷，北京：人民出版社 1966 年版，第 1322–1323 页。

第一节　新中国成立初期农村信用合作社性质的确定

无论是1844年英国的罗虚代尔原则还是1860年德国雷发巽所确立的合作社原则，还是恩格斯、列宁对合作经济的经典阐述，都是建立在既有的社会、经济的发展状况基础之上的。新中国信用合作事业的创建也有着自己的历史和社会环境，用最概括的语言来说就是，“国营经济是社会主义性质的，合作社经济是半社会主义性质的，加上私人资本主义，加上个体经济，加上国家和私人合作的国家资本主义经济，这些就是人民共和国的几种主要的经济成分，这些就构成新民主主义的经济形态”。[①] 新中国农村信用合作社在进行中国式选择的过程中有着自己独特的历史和社会定位，这种定位是在新民主主义时期通过长期的探索和激烈的争论而最终基本确立起来的。

1949年9月29日，中国人民政治协商会议通过的《共同纲领》第二十九条和三十八条分别规定，“合作社经济为半社会主义性质的经济，为整个人民经济的一个重要组成部分。人民政府应扶助其发展，并给以优待”，“鼓励和扶助广大劳动人民根据自愿原则，发展合作事业。在城镇中和乡村中组织供销合作社、消费合作社、信用合作社、生产合作社和运输合作社”。[②] 因为《共同纲领》在新中国成立初期起着临时宪法的作用，其对信用合作社的半社会主义定位更有权威性和重要性。随后，中国人民银行制定的《供销合作社信用部推进办法》也规定了信

① 毛泽东：《在中国共产党第七届中央委员会第二次全体会议上的报告（1949年3月）》，《毛泽东选集》第4卷，北京：人民出版社1966年版，第1321页。

② 《中国人民政治协商会议共同纲领》；卢汉川主编：《中国农村金融历史资料（1949—1985）》，湖南省出版事业管理局1986年版，第6页。

用部的性质，它是“在政府的领导和国营经济的扶植下，劳动人民的金融组织”。①

在新中国刚刚成立时，中国共产党就积极引导农民展开互助合作。1951 年 2 月 1 日，政务院《关于一九五一年农林生产的决定》就明确指出，“劳动互助不但可以克服劳动力不足的困难，而且可以进一步达到提高生产的目的”，“新解放区可以在当地群众原有的互助习惯的基础上，根据自愿等价原则，加以适当组织”。当年 12 月中共中央《关于农业生产互助合作的决议（草案）》更加明确而详细地指出了互助合作的作用，并提出了组织互助合作的方法。“农民在土地改革的基础上所发扬起来的生产积极性，表现在两个方面：一方面是个体经济的积极性，另一方面是互助合作的积极性。农民的这些积极性，是迅速恢复和发展国民经济和促进国家工业化的基本因素之一”，因此，“农业贷款必须合理地贷给互助合作组织和单干农民两方面，不应当只给互助合作组织方面贷款，而不给或少给单干农民方面贷款”。这种对两个方面的重视是建立在保护农民土地所有权的基础之上的。但是对这两方面的前途，《关于农业生产互相合作的决议（草案）》又更加重视互助组，“初级互助组的组员，他们的生产资料是完全私有的，但也带了共同劳动的性质，这就是社会主义的萌芽。常年互助组则使这种萌芽进一步生长起来了。农业生产合作社……比常年互助组具有更多的社会主义的因素……是走向社会主义农业的过渡的形式”。②

经过 3 年时间的经济恢复，1953 年中国共产党提出并实施了过渡

① 《供销合作社信用部推进办法（1949 年 11 月 25 日）》；卢汉川主编：《中国农村金融历史资料（1949—1985）》，湖南省出版事业管理局 1986 年版，第 170 页。

② 《关于农业生产互助合作的决议（1951 年 12 月 15 日）》；卢汉川主编：《中国农村金融历史资料（1949—1985）》，湖南省出版事业管理局 1986 年版，第 11、12 页。

时期的总路线，社会主义三大改造随之展开，农村信用合作作为农业合作化的一部分也进入了快速发展期。同年12月16日，中共中央《关于发展农业生产合作社的决议》指出，“由具有社会主义萌芽、到具有更多社会主义因素、到完全的社会主义合作化的发展道路，就是我们党所指出的对农业逐步实现社会主义改造的道路”，“农村信用合作社的发展，现在有各种不同的形式，例如信用小组、信用合作社或供销合作信用部。应该继续推广和改进这种信用合作，并使其与农业生产互助合作进一步地密切结合起来，有系统地支持农业合作化的运动”。[①] 这个决议不仅说明了信用合作化是实现社会主义改造的一种途径，而且说明了信用合作化是支持和扶助农业合作化的一种方式。这既体现了信用合作作为一种合作与生产合作等社会主义改造的共性，也体现了信用合作作为金融方式的一种扶助生产的特殊性。1954年11月《中国金融》编辑部指出，“国家银行的农村金融工作是实现农业社会主义改造的一个组成部分”,[②] 更加说明对这种思想定位已经有了大量的宣传，这有助于基层工作人员和农民的理解和学习。

为了和社会主义改造方向相配合，中共中央农村工作部原部长邓子恢在1954年的中国人民银行全国农村信用合作会议上对信用社性质的说法，已经由原来的半社会主义更改为社会主义，“信用社是社会主义性质的，它不同于农业生产合作社，农业生产合作社的生产资料是私人所有，因此，它是半社会主义性质的”。他进而给出了这种说法的依据：第一，信用合作社是社会主义性质的国家银行领导下的基层信贷组织；

① 《关于发展农村生产合作社的决议》；卢汉川主编：《中国农村金融历史资料（1949—1985）》，湖南省出版事业管理局1986年版，第16页。

② 本刊编辑部：《怎样正确认识农村金融工作的前途——对“农村金融工作同志中需要解决的几个思想问题”的讨论意见》，载《中国金融》1954年。

第二，信用社的股金属于社员集体所有，用于互助互济，不分红利；第三，信用社经营的目的是扶助农业生产，打击高利贷，不是为了盈利。[①]《人民日报》在当年9月以《积极发展农村信用合作》社论再次强调了这种性质，“信用社是在国营经济领导下的社会主义金融体系的一部分，它们是劳动农民的合作经济，没有剥削者参加，资金由全体社员支配，盈余为全体社员所公有。它们根据国家金融政策进行业务活动，按照社会主义原则以低利贷款扶助社员和农民发展生产，扶助互助合作的发展，打击高利贷的剥削，所以它们是社会主义性质的经济组织”。[②]

1956年6月8日，中国人民银行制定并颁发了《农村信用合作社章程（草案）》。在社会主义改造即将完成的时候，这个文件可以说对农村信用合作社的性质做了最终的、最具权威性的解释。“农村信用社是农村劳动人民的集体经济组织”“信用社在党政领导，国家银行的指导下完全按照国家金融政策进行业务活动，以社会主义的原则实行资金的再分配，促进农业社会主义改造，它的股金，公积金及业务盈余为全体社员所公有，业务经营并不以营利为目的，它是社会主义性质的”。[③] 除了性质的定位，该章程对性质的描述也更加专业、规范。比如，用“营利”代替原来的“盈利”表明，信用社的活动目标不是利润，但可以有“盈利”的结果，既是“集体经济组织”，又是“社会主义性质”，这是以往很多人都忽略掉的。

当然，农村信用合作社性质的逐渐明确并不是简单颁布一份文件就

---

① 卢汉川主编：《当代中国的信用合作事业》，北京：当代中国出版社1998年版，第294页。

② 《积极发展农村信用合作》，载《人民日报》1954年9月8日。

③ 《农村信用合作社章程（草案）（1956年6月8日）》；卢汉川主编：《中国农村金融历史资料（1949—1985）》，湖南省出版事业管理局1986年版，第181页。

可以的。“半社会主义”和“社会主义”有着很大的区别，在两者之间进行选择，实际上包含的是有关信用社性质问题的第一次大争论。[①] 争论的结果则以过渡时期总路线的提出为时间节点，之前多将信用社看作一种社会主义的萌芽或半社会主义，之后则认为它是社会主义性质的。到了社会主义三大改造的最后阶段，我国的信用社被当作社会主义的合作金融组织，并且认为这是由我国的社会性质决定的。农村信用社从诞生的那天起就是在中国共产党的直接领导下建立起来的，而且办社的目的是发展社会主义经济。正因为如此，邓子恢在鼓励全国农村金融先进工作者时说，信用社“这些任务是很光荣的，也是有远大前途的。全体农村金融工作的同志们，应当担负起国家交给你们的这个任务，努力做好农村金融工作，发展农业生产，支援国家工业化，和全国人民一道把我们的国家建设成为一个富强的社会主义国家”。[②]

总而言之，当时中国共产党领导的新中国将合作社的性质定为以私有制为基础的劳动人民群众的集体经济，认为有国家的管理和国营经济的领导可以保证它的社会主义性质。农村信用合作社在当时被看作是为了组织个体经济向集体经济转变的一种方式。

第二节　对农村信用合作社性质的长期坚持

由于新中国的农村信用事业已经随着社会主义改造的完成而确立，因此之后的20年间有关农村信用合作社性质的论述并不多，但是信用

---

① 关于第一次大争论的说法，主要是吸收了赵秋喜等人的说法（赵秋喜等：《新中国信用合作的理论与实践》，北京：中国金融出版社1988年版，第13页），本文后面对农村信用合作定位的长期坚持的论述也多参考其在该书中的说法（第14–15页）。

② 《国务院邓子恢副总理在全国农村金融先进工作者代表会议上的发言》，载《中国金融》1956年。

社的人权、财权和资金使用权经历了一些调整。赵秋喜等人认为，“这一切，都无不是围绕着信用社的性质问题而展开和进行的，由于当时社会政治、经济等方面的具体情况，使得这一时期内在信用社性质问题上的一些不同认识，并没有表现为公开的理论上的争论”。[①]

1958 年 10 月，国务院在西安召开的全国财贸工作会议认为，人民公社已经具有若干全民所有制的成分，并在此基础上拟定了“两放、三统、一包”的财贸管理体制办法。[②] 这虽然没有说明之后一段时期内公社农村信用部的性质，但是根据后来“三社合一”和“两放、三统、一包”的实行来看，农村信用部既是人民公社的一部分，人民公社具有全民所有制的成分，那农村信用部自然也具有全民所有制的成分。之后，随着各种运动的推动，农村信用社（部）受了中国共产党更加有力的领导，且权力下放又增加了下层普通群众对农村信用社（部）的管理机会。

1962 年，中共中央、国务院发布了《关于试行银行工作条例（草案）》，第二十七条规定，“农村信用社是农村人民的资金互助合作组织，是国家银行在农村金融工作方面的助手。它的股金、积累和其他财产，归社员集体所有。它的业务活动，受国家银行领导”。[③] 当年，中国人民银行颁发的实际上起着农村信用合作社章程作用的《关于信用合作社若干问题的规定（试行草案）》第一条指出，“我国的农村金融组织有两种所有制，一种是全民所有制的银行，一种是集体所有制的信用

---

① 赵秋喜等：《新中国信用合作的理论与实践》，北京：中国金融出版社 1988 年版，第 14 页。

② 卢汉川主编：《中国农村金融历史资料（1949—1985）》，湖南省出版事业管理局 1986 年版，第 233 页。

③ 《银行工作条例（1962 年 11 月 18 日）》；卢汉川主编：《中国农村金融历史资料（1949—1985）》，湖南省出版事业管理局 1986 年版，第 299 页。

合作社。信用社是农村人民的资金互助组织，是国家银行的助手，是我国社会主义金融体系的重要组成部分”。[①] 这两种表述体现了经济调整下信用社性质和定位的一种回归，信用社是资金互助合作组织，它并不属于国家银行而是其助手。它只是在“银行”工作条例中对信用社的性质进行定位，有着某种特别的意义。

改革开放后，中国开始由计划经济逐步转向有计划的商品经济、市场经济，政府对经济采取了鼓励多种经济形式发展的政策。1977 年 11 月 28 日，国务院《关于整顿和加强银行工作的几项规定》中指出，“信用社是集体金融组织，又是国家银行在农村的基层机构，……信用社的资金应当纳入国家信贷计划，人员编制应当纳入县集体劳动工资计划，职工待遇应当与人民银行基本一致”。[②] 经过 20 多年的发展，信用社虽然还是集体金融组织，但已经由国家银行在农村的“助手”变成了“基层机构”，关于资金计划和人事待遇等规定则明确了这一点。

1980 年 8 月，中共中央、国务院明确指出，“信用社应当办成真正集体的金融组织，把信用社下放给公社办不对，搞成‘官办’也不对。信用社应该在农业银行的领导下，实行独立核算，自负盈亏。它要办得灵活一些，不一定受银行一套规定约束，要起到民间借贷作用”。[③] 这种扩大经营自主权的改革，实际上已经开始了试图将农村信用合作社由“官办”逐渐改变为“民办”的历程。1984 年中共中央《关于一九八四年农村工作的通知》进一步指出，“信用社要进行改革，真正办成群

① 卢汉川主编：《当代中国的信用合作事业》，北京：当代中国出版社 1998 年版，第 296 页。

② 《关于整顿和加强银行工作的几项规定（1977 年 11 月 28 日）》；卢汉川主编：《中国农村金融历史资料（1949—1985）》，湖南省出版事业管理局 1986 年版，第 559 页。

③ 《1980 年中国人民银行分行长座谈会会议纪要》；卢汉川主编：《中国农村金融历史资料（1949—1985）》，湖南省出版事业管理局 1986 年版，第 595 页。

众性的合作金融组织，在遵守国家金融政策和接受农业银行的领导、监督下独立地开展存贷业务”。当年的《关于信用合作社财物管理工作的暂行规定》第一条提出，“农村信用社是群众性的合作金融组织，是我国社会主义金融体系的组成部分”；《关于改革信用合作社管理体制的报告》又再次提出“把信用社真正办成群众性的合作金融组织”。[①] 这种对信用社性质的明确定位，为 1985 年信用社的全面改革指明了基本方向，而之后的改革也印证了沿着该方向改革的坚定决心。但是不对合作金融和集体金融的性质进行区分，仍然制约了今后信用社的改革。

1996 年的农村信用合作社改革开始了合作制规范，它和之前的改革以及之后 2003 年和 2011 年的改革一样，没有放弃信用社改革的社会主义前提或背景。几十年对信用社性质的认识变化，在很大程度上反映了中国社会发展的历史图景。

第三节　对农村高利贷的抑制和打击

路建祥和卢汉川都曾在农村信用合作研究中对农村高利贷问题进行专门探讨。路建祥首先讲述了农村高利贷的活动情况，其次肯定了农村信用合作的大发展，最后在阐释打击高利贷的基础上提出农村信用合作社性质问题的讨论。与路建祥不同，卢汉川在讨论各个时期的问题时运用了“民间借贷”这个词汇。[②] 二人的区别主要是由于其研

---

① 《关于一九八四年农村工作的通知》《关于信用合作社财物管理工作的暂行规定》《关于改革信用合作社管理体制的报告》；卢汉川主编:《中国农村金融历史资料（1949—1985）》，湖南省出版事业管理局 1986 年版，第 822、835 页。

② 路建祥：《新中国信用合作社发展简史》，北京：农业出版社 1981 年版，第 37-55 页；卢汉川主编：《当代中国的信用合作事业》，北京：当代中国出版社 1998 年版，第 408-434 页。

究的时代背景不同，路建祥的研究是在改革开放初期的 1981 年进行的，卢汉川的研究则是在即将进入 21 世纪的 1998 年进行的，其话语叙述建立在多种经济成分和各种金融活动发展的基础上。

民间借贷是农村传统的信用形式，人们一般习惯称之为自由借贷，其中利率过高者则被称为高利贷。农村信用合作社是处于弱势的农民为了改变自己在农村金融中的不利地位而组织起来的。从信用社的起源和新中国信用社的性质定位可以推测出来，抵制高利贷的剥削必然是信用社的一个重要任务和目标。实际上，新中国成立以来的信用社对农村高利贷进行了长期的抑制和打击。

在新中国刚刚成立之后的过渡时期，各种资料显示，人们在讨论民间借贷时多突出了高利贷的剥削性，这是当时创建农村信用合作社的一种舆论需要。辽宁省开源县庆云堡村是高利贷活动比较猖獗的村子，全村有 12 户放债，从 1954 年到 1955 年春，就放出 4074 元，受剥削的农户达 139 户。有一个叫林孟扬的放债户，用利滚利的方法，3 年时间，由 2 石高粱的资本发展到 5000 元，有“小林银行”之称。受剥削的群众有这样的反映：“谁要借了小林的钱，就像背上了一块千斤闸，越压越重，越积越多，一辈子休想翻身。”在林孟扬的影响下，庆云堡村的自发势力抬头，影响了互助合作和农业生产的发展。这些调查材料说明，“农村阵地，社会主义不去占领，资本主义就去占领。广泛开展信用合作，迅速占领农村的借贷阵地，是贫困农民的迫切要求，是农业合作化运动的迫切需要，是发展生产的迫切需要，也是摆在农村金融工作面前的迫不及待的任务”。[①] 这是当时十分典型的叙述方式。

在实际工作中，当时还是把对农村自由借贷的利用和限制相结合

① 路建祥：《新中国信用合作社发展简史》，北京：农业出版社 1981 年版，第 39、43 页。

的。“不怕利息大，急用时能借得到就是方便”，这类思想在当时的农村是十分普遍的。再加上当时各种生产有待恢复，而土地改革又激发了农民的生产积极性，农村自由借贷的需求还是十分旺盛的。因此，中国人民银行在1952年10月提出了对自由借贷实行“利用、限制和取代的方针”。其理由便是，自由借贷既有调剂资金的积极作用，但又容易产生高利贷，破坏生产。所以，应当利用其积极作用，限制其破坏作用；应大力展开信用合作，以期在相当一段时期后，以信用合作形式代替自由借贷。随后，中央人民政府财经委员会在答复最高人民法院询问私人借贷利率以多高为宜时说，“根据目前国家银行放款利率以及市场物价情况，私人借贷利率一般不应超过月息三分。但降低利率主要应当依靠国家银行广泛开展信贷业务，在群众中组织与开展信用合作事业。为此，民间自由借贷利率即使超过月息三分，只要是双方自愿，无其他非法情形，似亦不宜干涉”。① 这种政策是完全正确的，而且其阐述逻辑也是符合农村自由借贷的理论与实际的。

到了农业合作化时期的1954年，中国人民银行召开了反高利贷座谈会，并最终确定以农村信用合作社的贷款利率作为社会自由借贷利率的合法标准。“使私人借贷跟着社会主义借贷走，限制其向资本主义高利贷剥削方向发展，凡是超过信用社贷款利率的自由借贷视为高利贷，予以打击。”② 这种叙述明显是对一年前中央有关民间借贷政策的大幅修正。

江永的观点可以说是新中国成立初期对高利贷态度的一个详细解

---

① 卢汉川主编：《当代中国的信用合作事业》，北京：当代中国出版社1998年版，第411、412页。

② 卢汉川主编：《当代中国的信用合作事业》，北京：当代中国出版社1998年版，第413页。

释，它指出了高利贷的资本主义性质，进而用社会主义改造的逻辑，提出了用农村信用合作社限制并最终消灭它的办法。"（一）农村中剥削阶级仍然存在，富农、商人、债利生活者经过土地改革，作为资本主义成分被遗留下来，他们是今天农村高利贷的主帅……（二）小农经济是十字路口的经济，……部分较富裕的中农与上升了的贫农受富农的影响，也从事高利贷活动。（三）总路线宣传以前农村高利贷数量虽然较刚土改后有所发展，但在农村借贷阵地上他们已不居于垄断地位"。对于高利贷与社会主义的关系，江永进一步指出，"高利贷在社会主义建设中破坏性是很大的，它和社会主义的斗争也极其尖锐"，"今天的高利贷既然是资本主义性质的剥削活动，它就是劳动群众向社会主义道路前进的障碍"，"几年来，我们采取发展信用社，配合国家银行农业贷款，限制高利贷发展的办法。限制只是手段，消灭高利贷才是目的。限制正是为了有步骤地消灭"。①

到了1956年，邓子恢在全国农村金融先进工作者代表会议上讲话时提到，农村信用合作社"积极地支持了农业合作化运动和农业增产运动，帮助农民解决了不少生产、生活方面的困难，这对于促进农业合作社的发展巩固和农业增产运动的开展，对于打击农村高利贷，都起到了显著的作用"，"在个体经济占优势的时候，要彻底消灭高利贷是困难的，现在农业合作化了，就有了条件能够逐步做到彻底消灭它。因为生

① 江永：《有关农村高利贷几个问题的意见》，载《中国金融》1955年5月31日。有关反高利贷的叙述广泛存在于新中国成立以来的各种文本之中，例如《农村信用合作社章程（草案）（1955年1月14日）》《关于整顿信用合作社，打击高利贷的报告（1963年10月24日）》《邓子恢同志关于城乡高利贷活动情况和取缔办法的报告（1964年2月25日）》《全国农村金融工作座谈会要点（1974年7月）》《中国农业银行全国分行行长座谈会会议纪要（1980年6月）》《关于制止社队高利筹资的通知（1979年9月）》《关于农村借贷问题的报告（1981年3月）》；卢汉川主编：《中国农村金融历史资料（1949—1985）》，湖南省出版事业管理局1986年版，第176-177、405-407、427-429、505、595-599、848-854页。

产发展了，农民收入逐年增加，贫困户逐年减少，再加上贷款工作做得好，及时解决贫困农民的困难，高利贷就会丧失阵地”。因此，1957 年 3 月，中国人民银行全国分行行长会议便宣布，“由于实现了农业合作化，加上信用合作的普遍发展和国家农贷的大量增加，从根本上改变了农村借贷关系的面貌，几千年来压在农民身上的农村高利贷剥削，基本上已经消灭了。”①

1957 年 12 月的中国人民银行全国分行行长会议又对这一宣布做出了检查，“我们曾经认为在农业合作化以后，高利贷活动的基础已经消灭，对高利贷斗争实际上放松了，事实证明这种结论是不对的”。农业的社会主义改造引导小农经济走向了合作经济，也就铲除了高利贷剥削的经济基础，但高利贷在实践上的消灭还需要一段时间。

到了 20 世纪 80 年代和 20 世纪 90 年代，乡镇企业向农民和职工高利集资，农村合作基金会（简称基金会）大规模发展，推动了新形势下民间借贷的发展。这一时期，农村合作基金会的爆发式增长是新形势下民间借贷发展的典型。有学者认为，由于基金会的先天不足与社会环境的极大压力导致其组织行为的变化，基金会在组织性质上存在矛盾并且最终被取缔。四川省第一个农村合作基金会，Q 乡最初定位是“社区内股份制资金融通组织”，农业部 1991 年《关于加强农村合作基金会规范化、制度化建设若干问题的通知》把基金会当作一个从事“集体资金的管理和融通活动的资金合作组织”，农业部 1993 年农〔经〕字第 8 号文件又将其定性为“社区性资金互助合作组织”，在 1994 年的四川省农牧厅看来，它又是一个“集体和农户的集体所有制和股份制的混合

① 《国务院邓子恢副总理在全国农村金融先进工作者代表会议上的发言》，载《中国金融》1956 年。

体”，J县范本Z镇基金会章程又被看作股份合作制，其中收益权和使用权是股份制，决策权是合作制。全幅乡最初成立时定位是“社区内股份制资金融通组织”，但在经验推广后，就成了各级政府集资的组织形式。虽然从中央到地方都认可这种组织形式，但对其产权性质和法人资格没有统一而明确的认定。①

其实，农村合作基金会的发展和最终结束，根本原因就在于它偏离了自己本该具有的合作制本性。历史上的民间借贷会产生高利贷，但农村也一直存在大量的低利甚至无利的民间借贷。无论近代世界和中国农村信用合作社多么强调合作性和对剥削贷款的抵制，低利甚至无利的民间借贷传统都是信用社建立的一个重要基础。改革开放后，中国农村合作基金会的产生和发展，与历史上信用社的产生和发展，在初衷、目的以及组织形式方面有着不少相同点。

如果将贷款利息和其他贷款成本统一考虑的话，农村合作基金会的贷款总成本大致处于农村高利贷和农村信用合作社（包括银行）贷款之间，甚至其中有不少并不怎么高于信用社。但是，“我国的农村信用合作社，是一个有着亿万群众参加的伟大的社会主义经济事业，是与农村人民公社、供销合作社密切联系，相互促进，从而巩固农业集体化的社会主义集体经济组织。它是我国社会主义金融事业在农村信贷领域中，巩固农村社会主义信贷阵地的重要力量”。② 因此，高利率便成了基金会结束自己命运的一个突破口，而基金会的清理最终由政府来负责并归到信用社，也深刻地说明了我国建立农村信用合作社的社会主义目的。

---

① 张元红等：《农村金融转型与创新——关于合作基金会的思考》，北京：社会科学文献出版社2007年版，第9-10、106-107页。

② 邓子恢：《信用合作社在我国现阶段的历史使命》，载《中国金融》1964年。

第四节　当代中国农村信用合作的学术认知

1951年，中国人民银行制定的《农村信用互助小组公约（草案）》规定了“根据自愿两利的原则，组织信用互助小组，办理存款放款，大家实行资金互助”的指导规范，同时制定的《农村信用合作社章程准则（草案）》规定了“入股自愿，退股自由”“不论股金，一人一票”“不以营利为目的，不以分红为原则”“独立核算，自负盈亏”等农村信用合作社的基本原则。[①] 但在之后长期的历史发展中，中国信用社实际上发生了不少变化，对于信用社在这段历史中的发展，学界已经从不同方面和角度给出了整体的学术认知。

周脉伏认为，农村信用合作社产生的制度环境有新民主主义向社会主义过渡的设想、新中国成立初期的土地改革、工业发展战略等。[②] 可见，这里包含着一个十分重要的国家目标。正因为这样，“政策性金融活动和政策性金融机构不应像商业性金融机构那样以股东利益为立足点，从而也不应以利益最大化为其经营目标，而应以政府设定的着眼于全社会的结构调整、经济发展、社会安定和金融安全为立足点，以追求社会利益最大化为目标”。[③]

对于后来的农村信用合作社改革，周霆认为信用社的自主权问题至关重要。我国有关信用社的规定十分明确，“农村信用社是指经中国人

① 《农村信用合作社章程准则（草案）》《农村信用互助小组公约（草案）》；路建祥：《新中国信用合作社发展简史》，北京：农业出版社1981年版，第一章附录。

② 周脉伏：《农村信用社制度变迁与创新》，北京：中国金融出版社2006年版，第34页。

③ 周霆、邓焕民：《中国农村金融制度创新论——基于“三农”视角的分析》，北京：中国财政经济出版社2005年版，第264页。

民银行批准成立、由社员入股组成、实行社员民主管理、主要为社员提供金融服务的农村合作金融机构。它是独立的企业法人，以其全部资产对信用社的债务承担责任，依法享有民事权利，承担民事责任；其财产、合法权益和依法开展的业务活动受国家法律保护，任何单位和个人不得侵犯和干涉。”① 中国经济改革的历史经验表明，凡是成功的改革案例（如农村经济体制改革、乡镇企业发展等），均遵循了“基层发明—上层肯定—试验推广”的自下而上的制度创新模式（或所谓诱致性制度变迁模式）。②

郑景元也认为，农村信用合作社是一种独立法人，其法律属性应定位为互益性的非营利企业法人。目前，我国应抓紧制定《农村合作金融法》，以私法手段保障信用社的独立与意思自治，赋予信用社对组织形式的选择权，不必刻意强调单一的商业化模式。“法律性质的研究在整个农村信用社法律制度研究中居于前置性地位。这种前置性问题的解决将为农村信用社改革发展提供有力的法理支持，如农村信用社能否进行组织形式的自主选择；通过‘花钱买机制’，农村信用社在法人构成要件方面（人的要件、物的要件与组织要件）能否实现私法自治；基于农村信用社的经营行为，其如何被反垄断法规范以及未来农村信用社又如何秉持其私法走向等。”③

农村信用合作社是在政府支持下创立的，政府投入了大量的组织成本（包括宣传发动费用、前期的组织管理费用、国家银行对信用社人员的培训费用等），政府利用政治资源动员社员储蓄，并实际上承担了信用

① 《农村信用合作社管理规定（1997 年 9 月 15 日）》（银发〔1997〕390 号）第 2 条。

② 周霆、邓焕民：《中国农村金融制度创新论——基于“三农”视角的分析》，北京：中国财政经济出版社 2005 年版，第 278 页。

③ 郑景元：《农村信用社法律问题研究》，北京：知识产权出版社 2011 年版，第 7-9、54 页。

社的一切经营风险，信用社的亏损由政府通过银行予以弥补。

解决农村信用合作社的性质问题，必须按照合作金融的要求和历史、现实来抉择，舍此别无殊途。在发展中国家看来，信用社不仅是一种特殊的金融组织形式，而且是发展社会经济的一种手段。信用社肩负着为“三农”服务的政治使命与经济使命，政府直接对信用社实施监管。但这种监管并不意味着直接参与。我国信用社立法应将政府在信用社中的地位由事务的直接管理者转变为纯粹的制度创建者，将政府对信用社的监管纳入法制的轨道。①

总而言之，农村信用合作社体制改革问题的根本、核心问题和改革难度都集中在性质问题上。“从国外移植到中国的信用合作制度变现了自己独有的特征：在所有权方面，政府作为投资人，以组织成本和信誉作为资本参与到农村信用社中来，并承担了其后农村信用社的一切风险；在分配制度方面，基本不分红，社员的所有权没有在经济上得到体现。”②

① 马震宇：《农村信用社金融立法若干理论问题研究》，载《农村经济》，2008 年第 2 期。

② 周脉伏：《农村信用社制度变迁与创新》，北京：中国金融出版社 2006 年版，第 68 页。

第三章

当代中国农村信用合作基础论

任何事物的产生和发展必定建立在一定的基础之上，毕竟罗虚戴尔和雷发巽的信用合作社实践说明，信用合作社的产生实际上是与资本主义社会的阶级关系密切相关的，是对资本主义剥削的一种抵制。恩格斯以及列宁关于信用合作社的理论与实践则更加有力地说明，无产阶级的信用合作社就是反抗资本主义的重要手段，无产阶级政权使普遍建立信用合作社、建设社会主义的设想走向了现实。信用合作社的产生与发展需要政治前提这个重要的基础。与之相连的，信用合作社产生和发展的另外两个基础则是不同社会发展阶段的经济状况和伦理状况。

第一节　农村信用合作的政治前提

根据前述当代中国农村信用合作的基本历史可以比较清楚地了解，农村信用合作社的建立和发展都离不开新中国良好的政治生态。

第一，根据信用合作社产生的历史进行分析，无论是罗虚戴尔原则还是雷发巽原则，都是在肯定信用合作社的合作制基础上做出的规定。新中国成立之后，新民主主义社会必须向社会主义社会过渡的诉求最终导致了农业合作化的推行，而农民的土地私有权也随着农业生产合作化的进行变成了土地的集体所有制。

20 世纪 80 年代实行家庭联产承包责任制是第三次土地制度改革，农户重新获得了土地的承包权。但是农民没有获得完整的所有权，也就是说家庭联产承包责任制没有土地制度变迁的实质意义。我国农村土地的所有权或产权及其使用权、处分权、收益权尚无统一的分割方法，农民不享有对农村土地任何实质性的处置权。所以，新中国成立以来的农村信用合作社虽然对“三农”问题的解决提供了强有力的支持，但绝大多数农民依然难以通过信用社来满足自己用于生产和生活的资金需求。

土地的统一规划、有效利用与土地所有制之间没有必然联系。[①] 当前学术界关于土地制度变迁的主张，有农地国有化、农地私有私营、坚持完善农地集体所有制三种观点。农地私有私营的观点，主要是为了说明凡是集体经济实力强的地区，农业发展较快；反之，农业缺乏后劲。但是，从当前形势来看，学术研究要考虑那一部分失地而又难以找到工作的农民，给他们留下一点儿地，让他们有个最后的归宿。即使在土地不是农民第一生产要素或生活保障的现在，农地改革也仍然需要考虑到老一辈农民对于土地的情感因素。

第二，中国共产党领导下的中国政府为农村信用合作社的创建和发展提供了强大的保障，而这种保障又是建立在其自革命年代以来所长期实践的政治信用之上的。政治信用是在政治权威和民众的关系中建构起来的。在一定意义上，民众是政治权威的受体，政治权威是政治活动或政治运作中的主体，政府或政治任务是政治活动中的关键性因素。可以说，政治权威的特性决定了政治信用赖以存在的依据。从理论上看，政治信用的本体在于政治权威的合法性和合规范性，也就是说，政治权威

---

① 周霆、邓焕民：《中国农村金融制度创新论——基于“三农”视角的分析》，北京：中国财政经济出版社 2005 年版，第 183、184、186 页。

并非没有制约性的权威，合乎其制约性才可产生信用。在政治权力和民众之间的“命令—服从”关系中，服从者的动机可能是出于习惯、利益的权衡或不可屈服的强制力，但若没有真正自愿的服从，就不足以构成真正的统治。信仰体系就是说明为什么某人或某些人应该服从某种统治的理论体系或意识形态，是为统治的合法性提供理论依据的。自愿服从和信仰体系所构成的就是统治系统或权威系统。① 对比前述新中国信用社的历史，可以很明显地发现，中国共产党领导下的政府确实是在用自己的政治信用来为信用社的创建和发展提供支撑。

韦伯曾用“正当性”来界定政治信用的合法性，“行为真正受到支配的可能性称为这个秩序的‘正当性’”。② 哈贝马斯认为，合法性问题应当是一个规范有效性问题，它“至少得具备下述两个条件，才可以认为某一权力是合法的：第一，建立的规范制度必须是有充分根据的；第二，由法律纽带联系在一起的人们相信这一制度是合法的，也就是说，相信当局是按照正规的程序来制定和使用法律的”。③ 政治权威的合法性体现为公共权力或权力机关的合法性，公共权力的行使直接与信用关联起来，或者说，直接影响到政治信用度。需要通过制度制约和伦理道德制约来保障政府信誉和政治信用。在各种信用缺失的现象中，政府失信的行为无论是从其发生频率还是危害程度看都是最为严重的。

---

① 焦国成主编：《中国社会信用体系建设的理论与实践》，北京：中国人民大学出版社2009年版，第262页。

② 苏国勋：《理性化及其限制——韦伯思想引论》，上海：上海人民出版社1988年版，第28页。

③ ［德］哈贝马斯著，洪佩郁、蔺菁译：《交往行动理论》（第一卷），重庆：重庆出版社1994年版，第338页。

李新庚认为，“我国最大的信用危机是政府信用危机”。[①] 新中国成立几十年来，中国共产党对中国人民的感情没有从根本上发生变化，因此便会在意识到问题之后进行一定程度的变革。特别是改革开放以来中国的发展更是这种改革的重要成果之一。中国共产党也因此再次巩固了自己在整个国家领导中的政治信用。

从信用的性质类型来看，政府信用主要有规则信用、承诺信用、政府内部信用和政府对公众的信用等。“政府信用源于公众与政府之间的政治委托—代理关系，其核心部分就是公众对政府的信任和政府对公众的信用。”[②] 从信用的实践类型来看，政府对公众的信用包括立法信用、执法信用和司法信用。立法信用就是立法机关通过言而有信、言行一致的行为获得社会成员的相信、信赖以建构和积累自己信用的过程。“立法信用往往与法律的规范性、易变性、模糊性和不可操作性有关，倘若一种法律具有伸缩性、易变性、模糊性和不可操作性，那么，在立法上就失去了信用。”[③] 立法信用缺失或立法不信用，将会直接影响执法信用和司法信用的构建。执法信用和司法信用的构建结果不仅可能直接导致政府权威的丧失，极大影响政府各项政策的贯彻实施，而且可能会造成社会道德滑坡，不利于参与型政治文化的形成。更有甚者，由于政府信用缺失引致人民利益受损，必然造成人民对政府认同感的下降，增加政治不稳定因素，无助于和谐社会建设。

所以说，加强政府机关信用建设，提高行政机关的规则信用，确保行政决策的科学性、连续性、稳定性，建立抽象行政行为司法审查制

---

① 李新庚：《中国信用制度建设干部培训读本》，北京：中央党校出版社 2002 年版，第 241 页。

② 张旭霞：《现代政府信任及其对策性选择》，载《南京社会科学》，2002 年第 11 期。

③ 谢晖、丁放：《论法律信用》，载《学习与探索》，1998 年第 4 期。

度，推行政务公开制度，建立守信获益、失信受罚的规则。更何况政府信用具有两个特殊性：第一，政府信用的主体是政府，其直接作用对象就是公众，政府与公众的关系不是商业信用中平等主体意向的关系。第二，对于政府的失信，公众没有选择性，不像企业信用或个人信用那样，一方失信，另一方还有选择的余地。正因为如此，政府一旦失信，危害更加严重，损失更难弥补。总而言之，良好的政治信用是中国农村信用合作社的重要政治基础。

第二节　农村信用合作的经济基础

虽然农村信用合作社创建和发展的一个重要前提，是中国政府的政治信用，但是几十年来信用社的发展仍然是建立在中国整体经济特别是农村经济活跃的基础之上的。

新中国成立初期的湖南省湘潭市云塘乡，有农户 714 户，3451 人，农副业比较发达。这个乡差不多家家养猪，户户种菜，市场上的商品交易十分活跃。因为农副业生产需要资金，而恰巧农村也有部分闲散资金，因此农村传统的民间借贷组织，如“七人会”“九人会”等十分普遍。1952 年春天，当地开展生产互助合作后，农民生产积极性高涨，但是人缺粮，猪缺饲料，发展生产缺乏资金。这个时候，农村传统的借贷组织的范围小，资金少，满足不了普遍存在的生产和生活资金需要，高利贷随之兴起。

云塘乡活跃的商品经济是当地发展信用合作的基本条件，日渐兴起的民间借贷（特别是高利贷）等情况又使得政府觉得发展农村信用合作社刻不容缓。所以，银行便派干部到农村，和农业生产互助合作的积极分子，一起对农民进行信用合作的宣传教育。经过不懈努力，他们最终解除了群众的后顾之忧。云塘乡信用互助组成立4个月后，组员从最初的97人发展到233人，吸收股金428元，存款达到2990元，贷款2441元。银行支持信用互助组的贷款也由组建时的1000多元逐渐收回，信用互助组反而向银行存款72元。[①] 这时，信用互助组转成信用合作社的条件就水到渠成了。最终，云塘乡信用社成了新解放区最早建立的信用社之一。可见，发展信用社需要较好的经济条件，民间借贷（包括高利贷）的兴起又促进了信用社的尽快建立，信用社的建立和发展是以经济条件为基础的。

从1979年的农村经济改革开始，中国农村的经济出现了突破性的进展，并很快出现了迅速发展的大好形势。这既给农村信用合作社的改革提出了要求，也为其改革提供了经济条件。这时的农村经济对信用社改革和业务发展的影响主要有4个方面。首先，联产承包责任制被农民理解为“交足国家的，留够集体的，剩下都是自己的”。这种把劳动者的活动同生产的最终结果紧密联系起来的制度极大地调动了农民的生产积极性，推动了生产的发展。社员个人代替社队集体成为农村资金的活动主体和信用社的主要服务对象。其次，在农业生产的基础上商品经济的大发展也逐渐改变了农村货币信用关系。经济的横向联系，对劳动力、技术、资金自由流动的需求，进一步推动了信用社的改革与发展。再次，农业生产结构在农业大发展之后从单一的粮食生产格局转向农林牧副渔、农工商的全面发展。这对信用社资金的投向提出了新的要求，同时也使得信用社的贷款更加有利可图。最后，农民收入大大增加，又

① 卢汉川主编：《当代中国的信用合作事业》，北京：当代中国出版社1998年版，第72-73页。

反过来要求信用社改善服务，大力组织农村资金。

改革开放之后，随着农村经济的发展，以各种“合会”为主要形式的传统资金互助组织大量涌现。各种“合会”是传统的、自发的、具有广泛群众性的资金互助组织，属于低层次合作金融组织，它可以使群众在避免高利贷的情况下解决生活上的资金需求。改革开放后，商品经济的发展使得农村的资金供求关系逐渐突出，各种“合会”越发活跃。特别是在经济活跃的浙江省温州市，“合会”的入会者不再限于亲朋邻里，而扩大到了城乡工人、城镇居民、机关干部、个体工商业者，成为一种全民性的活动。这种“合会”与农村信用合作社有很多相似之处，可以通过规范和引导使之成为一种现代意义上的信用合作组织，但其最终还是没有走向现代化和规范化。

比“合会”这种民间合作金融规范一些的是多种形式的农村合作基金会。它们的功能一般比较单一，拥有一定基金，只办理贷款，收回再贷，不断周转。它们不办理存款及其他业务，少数吸收存款的，也只限于本组织的成员。它是政府按照一定地区范围组织的群众性资金互助组织。但是，因为不发展社员、不吸收股金，有的也不建立权力机构和民主管理组织，所以它又有别于真正的农村信用合作社。但这些基金会还是有发展为真正的信用社的条件的。总而言之，用卢汉川的话说，这些多种形式的合作金融都是农村改革的产物，① 它们仍然建立在相应的社会经济的基础之上。

当前的学术界和政府金融监管部门都认为，正规金融机构在总量和

① 卢汉川主编：《当代中国的信用合作事业》，北京：当代中国出版社 1998 年版，第 437 页。

结构上还不能满足农村居民的信贷要求。[①] 中国农村居民的信贷需求还没有得到满足，那么在农村信用合作社之外引导农民组织真正的信用合作组织无论在理论上还是在实际上都是可行的。

其中，很关键的问题就是政府管理部门要对农民、农村和农业本身存在的能量进行肯定，真正地相信群众的智慧和力量，相信现在的农民群众的素质有了很大的提高，同时保持新中国成立初期那种对农民群众的感情，以负责任的态度对农民建立起来的信用合作组织加以指导和监督。

第三节　农村信用合作的伦理保障

在人类社会的历史发展中，任何一个人（人群）和另一个人（人群）之间都存在一种既定的伦理关系以及规范这种伦理关系的准则。在当代中国农村信用合作事业中，金融体系是一种以广泛的信任和大规模的“委托—代理”关系支撑起来的商业体系。正因为如此，它对金融伦理的要求便更为严格和苛刻。一旦金融体系因为丑闻而受到影响，往往会波及整个经济体系，甚至会导致严重的经济危机。一个国家金融法律和金融监管的有效性，实际上依赖于这个国家金融从业人员和金融机构的金融伦理道德水平，依赖于金融市场中所有人的自律。无论在任何

① 何安耐、胡必亮：《农村金融与发展》，北京：经济科学出版社 2000 年版；张军：《农村信用合作社改制之路该怎样走》，载《调研世界》2002 年第 10 期；姜长云：《体制转型时期的乡镇企业融资问题研究》，中国社会科学院研究生院博士论文，2000 年；冯兴元、李人庆：《距村民自治还有多远》，载《中国改革》2007 年第 6 期；何广文：《从农村居民资金借贷行为看农村金融抑制与金融深化》，载《中国农村经济》1999 年第 10 期；温铁军：《农户信用与民间借贷研究——农户信用与民间借贷课题主报告》，http：//forum50. cei. gov. cn/newwork/cyfx-wti. 20010060702. htm；张元红等：《中国农村民间金融研究——信用、利率与市场均衡》，北京：社会科学文献出版社 2012 年版。

意义上，金融伦理都应该是有效金融监管的前提、基础和条件。[①] 郑景元认为，农村信用合作社的法律属性应定位为互益性的非营利企业独立法人，它是一种人合组织，社员是构成其法人的基础要件，社员权具有复合性，当它受到损害时，应通过私力与公力两种方式救济。[②] 新中国早期建立的信用社，虽然在不少方面被批评说不是真正的信用合作社，但它确实饱含了新政权对农村、农民的关心这一金融伦理。

因此，王曙光提出，“农村金融的研究，需要研究者投入一定的情感。做学问要客观，但并不妨碍研究者对研究对象有一份独特的情感，有一种来自内心世界的关怀和认同”。[③] 基于这种情感去研究农村信用合作社，就会注意强调农村合作金融企业文化的构建。具体构建农村合作金融企业的文化需要注重构建民主科学的管理文化、构建诚实守信的信用文化、构建与时俱进的创新文化和构建心系乡土的信念文化。王曙光1998年在海尔访问，张瑞敏给他画了同一圆心的三个同心圆，以此来解释企业文化的构成。其中的外圆为器物文化，主要包括产品、设施、广告、厂房等可观物质；中圆为制度文化，包括制度、规章、守则、纪律、合同等规范条文；而核心圆为精神文化，主要包括企业信念、价值观、理想、作风等精神状态的东西。[④]

世界不少经济学家已经对经济学的伦理问题进行了深入探讨。罗纳德·科斯（R. Coase）认为，传统的经济学教育是一种“黑板经济学”的教学方式，它扼杀了经济学学生的想象力，使学生们远离真实世界，失去关注底层民众真实生活与命运的激情，从而造就了一大批“空头经

① 王曙光：《草根金融》，北京：中国发展出版社2008年版，第42页。
② 郑景元：《农村信用社法律问题研究》，北京：知识产权出版社2011年版，第7-9页。
③ 王曙光：《草根金融》，北京：中国发展出版社2008年版，自序。
④ 王曙光：《草根金融》，北京：中国发展出版社2008年版，第73-75页。

济学家”，也使经济学成为一种“无用之物”。在这种批判的基础之上，格莱珉向传统的金融体系与僵化的信贷理念发出挑战，提出经济学家要理解穷人、认识土地，从居高临下的“鸟瞰式视角”到深入民间的“蚯蚓式视角”。这样，一种被称为“真实世界经济学”的理论便产生了。与传统正式的金融体系、银行家、信贷哲学都假定穷人根本没有还款能力不同，尤努斯和格莱珉的信贷哲学试图颠覆这些传统的信贷教条，“从第一天我们就清楚，在我们的体系中不会有司法强制的余地，我们从来不会用法律解决我们的偿付问题，不会让律师或任何外人卷进来”“我们确信，建立银行的基础应该是对人类的信任，而不是毫无意义的纸上合同，格莱珉的胜败，会取决于我们的人际关系的力量”。① 在这种理论基础之上，格莱珉银行提出了一个最基本的假设，也就是每一个借款者都是诚实的。正是依靠这种与传统银行截然不同的信任哲学，格莱珉银行一直保持低于1%的坏账率。

苏格拉底曾说过，“各种学问，其最根本的目的，是要解决‘人怎样活着’的问题”。把这个“苏格拉底命题”换个说法就是，各种学问最根本的使命是如何使人类生活幸福的问题，是如何增进人类福祉的问题。经济学作为研究人类行为的科学，其根本目的也是研究人类哪些行为才能增进人类幸福的问题，而不是传统上所定义的“研究稀缺资源的合理有效配置”。因为稀缺资源的有效配置，归根结底也是为了人类的幸福。亚当·斯密在《国富论》中还令人信服地论证了人类幸福与收入的关系，在某一个极限点，高收入对一个人的幸福根本不起作用；在此基础上，亚当·斯密将更多的关注投向人类幸福的道德维度。马克思主义经济学认为，幸福首先意味着人类在精神和物质上的全面发展与自

① 王曙光：《草根金融》，北京：中国发展出版社 2008 年版，第 177-178 页。

由，而在幸福的终极价值领域里，平等、自由、和谐都应该是最重要的组成部分和先决条件。

阿玛蒂亚·森一直在拓展关于人类幸福的理论，其《伦理学与经济学》《以自由看待发展》和《贫困与饥荒》中带有浓厚的人文主义气息的讨论，在现代经济学发展中始终显得那么鹤立鸡群，因而也就显得如此稀有而弥足珍贵。现代经济学已经证明，建立在技术效用基础上的分析并不是经济学理论必要的组成部分，而建立在叙述效用基础上的偏好显示和选择行为，才是构成经济学大厦的必要基石。每个人的内心状态和价值判断都不相同，因此技术效用在操作上完全不可行，叙述效用论决定了每个人内心的偏好顺序。经济学的一个基本假定是人类的理性，这种理性意味着人们总是会充分运用自己的所有资源、禀赋来达到自身效用的最大化，也就是说人类能够运用自己的理性使自己的幸福最大化。大量的心理学和行为科学的研究成果都证明，有时候人类是很不理性的，但有时候人类是完全非理性的。在很多时候，人类的理性还存在着这样的悖论：每个人看起来非常理性的行为，会引发集体的非理性。人类的很多不幸福就是来自人类的非理性、有限理性和集体无理性。正是在这种逻辑之上，萧伯纳提出“经济学是一门使人幸福的科学”，他在《幸福与经济学》中重复显示了效用和幸福这两个概念之间的复杂关系。

实际上，农村金融确实存在一种情况，那就是，农户从正规金融得到的贷款额度与家庭收入呈现明显的正相关，两者的相关系数为 0.83。高收入的农户愿意接受高利率和实际接受高利率的比重都大大低于低收入的农户，说明低收入农户看重的主要是信贷的可得性。商业银行吸收富裕农户存款占 18.4%而给予农户的贷款却只有 4.5%的调查数据说明，商业银行虽退出了农村的贷款市场，却没有退出农村的存款市场。刘玲玲等人的调研发现，且不说每年高达55.3%的借贷发生率，就连占农户总数7.7%的富裕家庭（人均收入万元以上）也有高达48%的借贷发生率。[①] 所以说，这些看似是经济问题，实际上是伦理问题，借出者如果没有平等的价值观念，自然也就无法做好农村金融工作，无法更好地发挥农村经济在这个国家经济中的重要作用。认为农村正规金融供给面临的最大瓶颈是自然灾害风险、农户违约风险和较高的机会成本等农村金融市场的三大风险的观点，是一种唯经济论立场，违背了经济学的基本伦理规范。

我们国家几千年来一直是一个典型的农业国家。其中一个特点就是乡土性强，特别注重人与人之间的伦理交往秩序。从历史上来讲，强调道德对经济发展的积极作用也确实一直是古代经济思想和伦理思想的核心内容。传统农业社会特别注重道德，是因为在传统农业社会中，社会成员的伦理实践具有时间上的延续性和积累性以及空间上的可观测性。在社会经济结构剧烈变化的时代，道德伦理的转型需要一个过程，这个过程不是依赖于道德说教，而是依赖于市场经济的实践。农民在市场经济中的伦理实践一旦与传统伦理积淀结合起来，就会产生一种新的极具市场适应力的伦理行为，从而使农民和农户从小农经济下朴素的信用观念，转变为市场经济下严格的契约意识和守信意识。其实，新中国成立初期正是这样一个时代。新中国国家信用的建立，虽然基于与以往私有制不同的公有制，但为人民服务的初衷却是从来没有动摇过的。

在我国当前的农村金融体系中，正规金融处于困境，非正规金融发

---

① 刘玲玲、杨思群等：《中国农村金融发展研究》，北京：清华大学出版社2007年版，第24页。

展迅猛。这些问题，既与我国历史悠久的农村赈贷制度有关，也与我国20世纪50年代以来的金融集体化有关。带有国家赈贷性质的“软约束”下的信用社贷款，与商业性质的“硬约束”下民间金融组织的贷款，其还款效率存在差异。这种逻辑在一些民间金融组织的实践中得到了证实。如社会知名度比较高的山西临县湍水头镇“扶贫基金会”，其资金来源是社会各界人士（包括学者、政府官员、企业家等）的捐助和借款。在湍水头镇建了农村合作基金会的3个村子，11年来也只出现过一次坏账。基金会在运作过程中培育了农户的信用观念，强化了他们遵守诺言的意识。这种意识，与中国传统农业社会中“重诺守信”的理念是一致的。信用意识可以通过这些民间金融组织逐步地培养起来，这对于处于转型期的农村社会来说，意义极为深远。

总之，经济学伦理在农村信用合作中的具体表现就是，信用条件在农村信用合作社的发展中是十分重要的。早期德国雷发巽农村银行的设立目的不仅在于丰富物质生活，还在于提高道德和精神信用。可见，信用社的信用不仅指经济信用，还包含道德信用。从经济角度看，当代信用社的信用主要是建立在对人的信任基础上的，不用立即付款便可获得资金、物资和服务。从道德层面上讲，信用多表现为当事人在交易活动中必须恪守诚实信用。我国《农村信用合作社管理规定》第三条：“农村信用社的社员，是指向农村信用社入股的农户以及农村各类具有法人资格的经济组织。农村信用社职工应当是农村信用社社员。”信用社是一种高度信用的合作金融组织。因其为合作组织，因此道德信用不能缺失；因其为金融组织，因此财产信用不能遗漏。相对于社会发展中的人力资源、物质资源，信用可以算是一种社会资源，是一种比人力资源、物质资源更为重要和宝贵的社会资源。

第四章

当代中国农村信用合作动力论

任何事物发展的动力必定来自其自身内部的因素或直接指向其自身的外部力量。从根本上说，当代中国农村信用合作的动力也主要来自两个方面。一方面，制度供给是一种重要的外部力量，这种制度供给是和农村信用合作直接相关的制度保障。另一方面，群众的智慧与发明是更加重要的内部力量。从世界历史上看，政府大幅加强对经济的干预始于1920年代的全球经济危机，制度供给的作用开始显得更加突出。但无论是之前还是之后，经济的发展和经济组织形式的发明创造仍然要来自其本身的直接参与者。当代中国农村信用合作事业发展的动力也就来自民间的发明，或受到这种发明的推动。

第一节　农村信用合作的制度供给

农村信用合作事业发展的活力首先包括农民的信贷能力，而在我国，目前这个能力还受到农民缺乏可抵押物的制约。根据张元红的调查，在213户向正规金融机构借贷而正规金融拒贷的案例中，无担保者有63人，超过贷款额度者有44人，无抵押者有39人。[①] 在这种情况

① 张元红：《中国农村民间金融研究：信用、利率与市场均衡》，北京：社会科学文献出版社2012年版，第142~143页。

下，创新土地制度便成了学者们着力呼吁的问题。周霆认为，当前我国创新土地制度的唯一选择是，实行土地国有，耕地实行国家发包。这样的话，就可以赋予农民私人土地产权，建立保障私人土地产权的制度，建立土地市场。在土地国有的大制度约束下，耕地实行国家发包，将耕地的所有权实行产权化，明确赋予农民一定时期的产权，无论从哪一方面考察都是切实可行的。①

在制度供给中，法律保障是一种基础性的供给，具体到农村信用合作社的法律保障就是通过私法设计确立信用社的主体地位。我国的《商业银行法》第93条规定："城市信用合作社、农村信用合作社办理存款、贷款和结算等业务，适用本法有关规定。"② 但这仅考虑了信用社和商业银行的共性，并未突出它们的不同点。《农村信用社法》难以包容农村合作金融的多种组织形式。有鉴于此，应该用《农村合作金融法》来统合现行的各种农村金融组织形式。《农村合作金融法》作为信用社的私法，应该主要包括强制规范和任意规范，而不包括管制规范。《农村合作金融法》强化私法自治并不意味着绝对与公法分离，只是强调公法服务于私法。"农村合作金融法在强调农村信用社的主体性基础上，应将政府在农村信用社中担当的角色由无所不包的事务管理转变为纯粹的执法者，从而将政府对农村信用社的促进功能与控制功能区隔开来，以防止政府借口对农村信用社内部事务进行干涉。"③

有了农村信用合作社的私法设计，就可以借由法律赋权落实信用社

① 周霆、邓焕民：《中国农村金融制度创新论——基于"三农"视角的分析》，北京：中国财政经济出版社2005年版，第189-190页。

② 《中华人民共和国商业银行法（2015年修正）》（主席令第34号）。

③ 马震宇：《农村合作金融立法若干理论问题研究》，载《农村经济》2008年第2期。

对组织形式的自由选择，以彻底转向私法自治。依据《农村合作金融法》，信用社便可自主归类，自由选择自己认为合适的组织形式。同时排除公权干预，依法获得金融服务优先权与优惠权。这与当下合作制度的“官本化”、业务流向的“外部化”、“三会”制度的“形式化”以及经营方向的“商业化”等强制性归类现象形成鲜明对比。这就要求信用社在选择组织形式时更强调“自己认为合适”，以充分表达当事者的自由意思。然而，法人目的与政府目标能否保持一致则有赖于双方能否找到利益的结合点，以实现双赢。

还有一点就是要对农村信用合作社实施反垄断法豁免。理论与实务普遍认为，在各种特殊法律权利中，信用社享有反垄断法被豁免适用的权利。① 对信用社实施反垄断法豁免主要是由农村信用合作事业本身的性质决定的，因为真正的信用合作必定是一种人合组织，不以营利为最终目的，它本身就是对强势的经济组织的反抗。但是，对信用社实行反垄断法豁免又必须判断并解决三个问题。第一，对信用社进行反垄断豁免属于行业豁免还是行为豁免？对特定行业豁免多是基于产业政策的考量，但在实践中容易导致经济低效率。世界主要国家和地区，反垄断的行业豁免日渐式微，正逐渐被行为豁免取代。这种转变既可以满足法律的实质正义，又可塑造市场主体的平等关系，具有积极的法律意义。第二，对信用社采取行为豁免，就意味着信用社的经营行为，有的应予以规制，有的应予以豁免。第三，只有对信用社经营行为判别后才能做出规制或者豁免的规范。②

---

① 黄勇：《中国〈反垄断法〉中的豁免与适用除外》，载《华东政法大学学报》2008 年第 2 期。

② 郑景元：《农村信用社法律问题研究》，北京：知识产权出版社 2011 年版，第 214-215 页。

如果说土地制度创新、私法设计、反垄断法豁免是从正面加强和促进农村信用合作事业的发展，那么信用担保与农业保险应该就是一种从侧面推动“三农”信贷和农村信用事业发展的因素，并以此维护农村金融安全。当前我国的农业保险发展滞后，农户和农村企业经营风险缺乏分散和转移机制，不适应农业战略性结构调整的需要。我国农业每年约有5亿亩农作物受灾，2003年12月31日，中共中央、国务院出台了《关于促进农民增加收入若干政策的意见》，开始鼓励政府出资的各类信用担保机构积极拓展符合农村特点的担保业务，有条件的地方可设立农业担保机构，鼓励现有商业性担保机构开展农村担保业务。与此同时，农业担保也开始萌芽。浙江省宁波市对宁海县农业信用担保中心（2003年3月成立）的调查得出了积极的结论，进而提出了由政府出资兴办农业担保机构的主张。[①] 考虑到“三农”信贷风险，这种制度创新必然还要经历不少波折。

虽然当前中国有关农村信用合作的制度供给还不能让各位学者专家满意，但有了一定的制度供给就必然会促进农村信用合作事业的发展。2006年12月22日，银监会《关于调整放宽农村地区银行业金融机构准入政策更好支持社会主义新农村建设的若干意见》，鼓励各类资本到农村地区新设主要为当地农户提供金融服务的村镇银行。这不仅表明在构建多元化、竞争性的农村金融市场方面又向前迈出了实质性的一步，而且表明在允许民间金融转换为正式金融，即民间金融合法化方面给予了制度性的支持，民间金融正规化开始了实质性的建设。张元红根据当前的这种制度供给提出了民间金融规范过程需要遵循的5项原则，即区

---

① 娄传申：《发展农业担保，健全农村信用》，载《金融时报》2004年；中国人民银行北京营业部管理部课题组：《“三农”问题与金融支持》，载《金融时报》2004年。

域原则（服务村庄）、组织原则、信贷原则（利率市场化）、风险原则、监管原则等。[①] 但是，在引导规模较大的钱庄、专业性合会、资金俱乐部等组织机构向正规化发展的同时也要注意，这种制度创新和实践必须要保持清醒的认识，打击高利贷是正规化的主要任务，无论是民间金融还是被定性为非正规化的金融都是目前尚未彻底根除的。

2007 年山东诸城一家肉制品公司所在的村镇上出现了“猪单子交易”。这个有趣的案例实际上折射出农村非正规金融产生的一般原理。只有在制度或交易的参与方都能得到交易剩余的时候，这个制度或交易才能达成，不需要任何人为的强迫或诱导。“猪单子购买者”的这些行为相当于金融机构中的票据贴现。农村非正规金融的产生，必然有其内在的经济根源和社会根源。哪里有市场机会和交易空间，哪里就有可能产生民间金融交易。因此对于非正规金融，应该顺其自然，因势利导，而不是采取僵硬的打压手段。也许，深入探讨非正规金融产生的经济与社会根源，并加以积极的处置，才是最重要的。[②]

2012 年，银监会启动的林权抵押贷款是在探索推进农村承包地经营权和宅基地住房财产权的“两权抵押”工作。中国共产党第十八届三中全会《关于全面深化改革若干重大问题的决定》以及 2014 年中央 1 号文件明确要求“赋予农民对承包地占有、使用、收益、流转及承包经营权抵押、担保权能”，“慎重稳妥推进农民住房财产权抵押、担保、转让”，为农地抵押融资试点的推进奠定了坚实的制度基础。2015 年 8 月 24 日，国务院《关于开展农村承包土地的经营权和农民住房财产权贷款试点的指导意见》要求“稳妥有序开展‘两权’抵押贷款业务，

---

① 张元红等：《中国农村民间金融研究——信用、利率与市场均衡》，北京：社会科学文献出版社 2012 年版，第 177-178 页。

② 王曙光：《草根金融》，北京：中国发展出版社 2008 年版，第 13-15 页。

有效盘活农村资源、资金、资产，增加农业生产中长期和规模化经营的资金投入”。但是，农村土地产权确权颁证、相关法律的修改、农村土地流转制度的规范、农村土地产权交易市场的发展，还需要逐步推进，农村土地产权抵押贷款试点改革应当全盘考虑、统筹设计和系统推进，必须要以上述各项制度的建设完善作为其发展的基石。

随着改革开放后各项事业的发展，中国农村金融制度供给改革所进行的积极探索其实已经包括了各个地区的抵押、证券、信托、租赁等多种形式。

1988 年，国务院批准组建贵州湄潭县土地金融公司，为县域耕地资源开发提供资金，贵州湄潭县成为我国第一个农地金融制度试点。该试点由于投向非农化且贷款管理松散等原因，导致其最终在 1997 年被并入湄潭县农村信用合作社，试验失败。随后全国各地进行抵押试点的还有：2000 年佳木斯市农村信用合作社等金融机构开始用四荒土地使用权和土地承包经营权抵押贷款的尝试；2005 年 12 月重庆江津区发起成立重庆市江津绿丰农业信用担保有限公司，开始对农村土地承包经营权、地上附作物左右全和收益权进行抵押贷款试点；2008 年 2 月中国农业银行重庆开县支行与农户吴某签订以农地经营权为抵押的 1 年期 20 万元贷款合同；2006 年福建三明市农村信用合作社开始办理农村土地承包经营权抵押业务，明溪县县联社还出台《农村土地经营权抵押信贷业务试点办法》予以支持；2006 年宁夏同心县农村信用合作社联社开展土地承包经营权抵押贷款试点。在 2008 年 10 月央行和银监会联合下发《关于加快推进农村金融产品和服务方式创新的意见》后，中部六省和东北三省开始进行密集试点。2009 年 1 月辽宁法库县长岗子村成立土地合作社，4 月山东寿光市纪台镇前曹村陈某等 6 位村民通过抵押经营权从潍坊银行寿光支行获得每人 10 万元的贷款，4 月湖北武汉市农村综合产权交易所正式挂牌，5 月浙江温岭农村合作银行给箬横种植大户朱某贷款 45 万元，等等。这都是这种密集试点的成果。

关于证券试点，最早的当属 2008 年 12 月 4 日重庆成立农村土地交易所，在全国率先创建地票制度。目前通过地票表达的农地使用权限于农村建设用地而非耕地，但包括复垦调剂出来的距离城市较近的原有耕地。重庆规定了土地所有权和使用权的分配比例，复垦宅基地的农民可获得 85%（不低于每亩 9.6 万元），集体获得 15%（不低于每亩 1.7 万元）。截至 2011 年 6 月，重庆共完成地票交易 23 场，成交价款 103.29 亿元。[①] 2009 年 12 月，重庆农村土地交易所分别与中信银行重庆分行、招商银行重庆分行协议探索地票质押。到 2010 年 8 月，重庆岭尚农业发展有限公司在此基础上以 4270 万元购得 300 亩地票作质押，获得银行贷款 3000 万元，成为地票质押第一例。[②] 随后的 12 月 17 日，成都首场地票交易在农村产权交易所内完成，179 家房地产开发商即大型企业参与交易 2000 亩建设用地，起拍价每亩 15 万元，成交均价每亩 72.89 万元，总价 12.58 亿元，溢价率 385.93%。[③] 农地股份合作制是农村内生的土地流转方式，是农村规模化生产突破家庭联产承包责任制束缚的一种尝试，在农地所有权与使用权分离的基础上，进一步实现农地承包权与经营权的分离。它最早出现在 1992 年的广州南海、宝安等地农民和基层干部的试探性实践，而后在广州其他地区、福建、江苏、北京等地推广完善。目前各地农地股份合作各有侧重，但大框架一致。首先清

---

① 邹新阳：《农地金融制度构建研究》，北京：科学出版社 2015 年版，第 111 页。

② 吴红缨：《重庆“新土改”酝酿大动作：让农民自主买卖地票》，载《21 世纪经济报道》2011 年 7 月 18 日。

③ 邹新阳：《农地金融制度构建研究》，北京：科学出版社 2015 年版，第 112 页。

产核资确定合作的总价值，其次明确股权，收益按股分红。较典型的有南海模式、温岭模式、上海模式和渤海模式等。

至于信托试点，我国目前试点的土地信托制度形式还比较单一，土地委托人为农户，信托财产为土地承包经营权，信托机构为各类名称不同的中介，采用自益信托形式。2001 年，浙江绍兴最先实行农地信托，它们设立县、镇、村三级结构的土地信托服务机构。土地信托服务中心的基本职能是供求登记、发布信息、项目推介、中介协调、指导签证、追踪服务和调节处理纠纷，原则是“稳定所有权、维护承包权、搞活使用权”，坚持农业用途不变，坚持“依法、自愿、有偿”流转和遵守“合法、合理、公开、及时”的服务规则。半年内全县流转土地 15. 8 万亩，土地流转率超过 40%，50%的农田调整了种养结构，土地产出量增加 5~10 倍。[①] 2010 年 4 月，湖南益阳市选择沅江市草尾镇进行试点，成立土地信托托管中心，受益人每亩每年收益 500~700 元，信托中介从生产大户手中收取每亩 10 元的佣金。半年内成功流转土地 15100 亩，引入 19 家种植大户，流转农户还可以在大户企业工作，获得 1 万~2 万元的年收入。[②]

20 世纪 80 年代末，土地富裕的东北和经济发达的东南沿海已经出现租赁试点，但没有中介，无法实现大面积土地租赁和规范化操作。当前“土地银行”开办的租赁业务主要是通过土地合作社进行的，出租方主要是进城的农民和退养的农民；土地合作社除了土地使用权租赁业务，还经营农业生产技术咨询、代购生产资料、提供农产品储藏等业务；租赁双方均有类似存单、存折和贷款合同等载体。宁夏平罗县土地

---

① 王秀兰：《土地信托模式的国际借鉴与思考》，载《商业时代》2007 年第 16 期。

② 中国信托业协会：《农村土地信托流转有望破题，益阳补缺公共服务》，载《21 世纪经济报道》2010 年 11 月 25 日。

合作社章程第二十一条规定："本社的存地证可以用作质押物。"这实质上是农地抵押的变相操作，借此实现了农地承包权的抵押，有着重要的借鉴意义。[①] 2010年4月，湖南首家农村土地合作社永州市伊塘镇土地银行正式挂牌营运，将土地"零存整取"进行产业化、规模化经营。2010年11月13日，全国18个城市国土资源局长联席会第二十一次年会在重庆商讨"土地银行"解决农村融资问题。2011年1月26日，山东省青岛市政府公布《关于加快推进农村土地适度规模经营的意见》计划用市财政支持符合条件的城镇试点组建"土地银行"。

直到目前，我国农地金融试点仍然存在问题。首先，农地金融供需主体的问题主要表现为双审慎。一方面，农地使用权抵押不是银行的第一选择，仅是银行回款的备选方案；另一方面，农户对农地抵押贷款存在谨慎态度。土地规模只能增加贷款意愿，但在农业保险没有实质性突破的情况下，农地信贷需求被抑制。[②] 其次，违背制度设计初衷。1992年，湄潭县农业开发性贷款只占全部贷款的15.55%，大量资金投向乡镇企业甚至城镇企业，在土地金融公司撤销之前，共形成550余万元不良贷款。[③]

上述试点存在问题的症结在于，在没有抵押品的情况下，农户与农村金融机构间在一次性贷款、重复有限次贷款中均无法打破囚徒困境，但在无限次博弈中存在合作的可能。当信贷不是单次，而是无限多次，在折现率小于一定确定数额的情况下，农户与银行在无其他干预的情况下，可能实现更有利于双方的策略，单次和有限次重复的囚徒困境得到

---

① 常红晓：《宁夏"土地银行"实验》，载《财经》杂志2008年。

② 邹新阳：《农地金融制度构建研究》，北京：科学出版社2015年版，第117-118页。

③ 罗剑朝等：《博弈与均衡：农地金融制度绩效分析：贵州湄潭县农地金融制度个案研究与一般政策结论》，载《中国农村观察》2003年第3期。

破解。[1]

总而言之，通过改革为农村信用合作事业提供制度供给，让农村信用合作社等农村金融组织成为名副其实的农村金融组织。我国的信用社是农民自治组织的一种，从农民到社员再到社员权，信用社在社员地位上逐步加强，并最终形成一种独特的人合基础。信用社是一种人合性的社团法人，其基础构造为社员，社员的法律地位以及由此所形成的组织关系皆以人格本位为基调。社员取得社员资格是其享有社员权的一个前置性条件。入社出社自由是社员资格有效行使的一种制度保障。入社自由在本质上乃是为社员提供服务，以使社员从中获得便利为宗旨。因此，不能强制社员入社。否则，不仅会导致社员利用合作社的积极性降低，还会导致社员既有权利丧失。只有给信用社等农村金融组织以制度上的根本保障，才能使它们在长远的发展中获得更加持久的动力。

第二节　农村信用合作的民间发明

为促进了农村经济的快速发展，学者们便对此开出了各种“药方”。首先，农村信贷补贴论。这是 20 世纪 80 年代以前农村金融理论界的主导学说，它认为农村居民没有储蓄能力，农村面临的是慢性资金不足的问题，有必要从农村外部注入政策性资金并建立非营利性的专门金融机构来进行资金分配。但是，即使是贫困农户也有储蓄需求。同时，经验表明，低息贷款很难实现促进农业生产和收入再分配的目标，因为低息贷款的用途是可以替换的。其次，农村金融市场论或农村金融

① 邹新阳：《农地金融制度构建研究》，北京：科学出版社 2015 年版，第 129 页。

系统论。此理论在20世纪80年代以后逐渐取代了农业信贷补贴论。其理论基础是认为应当将正规金融市场与非正规金融市场结合起来。对上述二者进行调和的是不完全竞争市场论。它于20世纪90年代后兴起，认为培育有效的金融市场，需要一些社会性的、非市场的要素去支持。为了补救市场的失效部分，有必要采用诸如政府适当介入金融市场以及借款人的组织化等要素。后来的需求追随模式强调农村经济主体对金融服务的需求，推动农村金融组织及其服务的发展；供给优先模式强调农村金融服务的供给将促进农村金融的发展。供给优先的金融发展对早期经济发展起到巨大的推动作用，一旦经济发展趋于成熟，需求追随的金融发展就该起作用了。

各种理论都要最终落实到关心“三农”这个最本质的问题上，并支持它的解决。周霆认为，土地制度的根本改革应该集中于改革征地制度、确立农地转用的市场转让权。其依据是中国改革的一条重要经验，也即通过观察地方性的自发改革，加以适当提炼和总结，作为制定全国性政策和制度的重要依据。具体而言主要有：通过农民股权分享土地农转非带来的增值收益的广东南海模式；村集体通过复垦等方式获得一些非农建设用地的“额度”，然后向本村农户“招标”，由农户或由农民成立的合作经济组织联合投资修建标准厂房、商铺，或打工宿舍楼，向外来工商投资者出租，农民直接分享资产收益的江苏昆山模式。通过在征地过程中适当划拨安置用地的方法，村集体拥有部分原农地在非农用途上的转让权，然后农民通过低价买房、市价出租、低价租商铺及集体分红等方式分享农地转非带来的增值收益的长沙模式等。①

这些地方模式虽然不一定都是民间的发明创造，但却实实在在给了我们以深刻的启示。任何变革都是为了给新事物的发展创造一个宽松的环境，关于农地改革就要弄清农民在使用土地时是否违背了原来的土地所有制，而这个前提则是农村土地的确权。无论国有、集体、私有，所有者都不能缺位，必须能够参与处置并获得收益等。

根据张元红对 1375 户农户选择民间借贷主要原因的调查，因为农村信用合作社要求抵押、担保的为 318 户，信用社手续复杂、不方便的为 281 户，民间借贷容易、方便的为 270 户，正规贷款实际利息高的为 262 户，不习惯正规借贷的为 122 户，正规金融额度已满的为 59 户，民间借贷能维持亲情关系的为 24 户，正规借贷期限不合适的为 20 户，正规借贷用途不合适的为 16 户，正规金融距离远的为 3 户。② 可以看出，正规金融要求抵押、担保以及手续复杂、不方便，归结为一点就是不灵活，难以满足农户的各种需求。于是，在全国各地的农村便出现了各种中间人、互助会和钱庄。

中间人在浙江、福建、广东、四川等地俗称银背。根据 1992 年 8 月对温州瑞安市莘塍区的调查，该区近 30 个行政村，平均每村有一个银背，每个银背平均的信用规模在 100 万元左右，总规模达 3000 万~4000 万元。根据中国人民银行温州市中心支行的一份问卷调查，温州当地民间借贷只有 10.6%发生在陌生人之间，51.5%的借贷双方是朋友关系，通过银背等类似钱庄的组织或个人借款的占 7%左右。③ 其实，

① 周霆、邓焕民：《中国农村金融制度创新论——基于“三农”视角的分析》，北京：中国财政经济出版社 2005 年版，第 186–187 页。

② 张元红：《当代农村金融发展的理论与实践》，南昌：江西人民出版社 2002 年版，第 78 页。

③ 李静：《农村金融发展和改革的地区差别》，载《中国农村观察》2005 年第 11 期。

农村信用合作社信贷员也存在担当中间人角色的情况，因为他对全乡镇的信息比较了解，所以私下里会为乡镇范围内不是熟人关系的借贷双方提供担保。这种形式扩大了民间借贷的规模和边界。

互助会是一种传统的民间金融组织，我国民间以“会”命名的借贷组织名目繁多，如互助会、帮会、标会、呈会、成会、抬会、跟会、搭会等，它们普遍存在于东南沿海地区。一个互助会一般以一个自然人为会首，其他人为会脚，轮流拿会钱并支付利息，一般轮流一次即告终结。在互助会中，会首的职责有起会、收取和支付会钱、承担所有会脚的违约风险（因为他最先得会且不付利息）；会脚入会有自己需要用钱、人情不好推脱、有些闲置资金等原因。各种互助会的首要功能是提供储蓄和信贷服务，其次是资金互助的社会功能，但后者是其长期存在的主要原因。互助会具有较低的融资成本和较高的投资收益，在严格控制风险的前提下互助会是一种非常有效的投融机制。与正规金融相比，互助会利息差较小，具有较高的整体效率。互助会具有很强的灵活性，满足了不同群体的金融需求。[①] 农户民间借贷名义上主要是无息借款，但实际上低利率或“零利率”只是一种表象，放贷人会获得其他可货币化的收益或非货币化的收益。

第三节　农村信用合作的非正规机构

对于非正规金融机构，不同学者和不同机构有着不同的定义。姜旭朝曾从所有制角度界定民间金融，“民间金融就是为民间经济融通资金

① 张元红等：《中国农村民间金融研究——信用、利率与市场均衡》，北京：社会科学文献出版社 2012 年版，第 24 页。

的所有非公有机关及成分的资金运动”，后来又从合法性角度进行定义，“凡是没有经过工厂管理部门注册登记的各种金融形式都是民间金融”；曹力群认为，农村民间金融是包括了除正规金融机构以外的、所有发生在农村地区的货币信贷活动；孙丽、张翔认为，民间金融是指由民营金融机构提供的各种服务和与其相关的金融交易；张元红认为，所谓的民间金融是指在国家金融管理部门批准设立的金融机构及“正规金融”以外的，没有纳入政府监管范围的金融组织和金融行为。[①] 世界银行对它的定义是，泛指不受货币当局和金融监管部门控制而直接进行交易的金融活动；亚洲发展银行将其定义为，不受政府对于资本金、储备和流动性、存贷利率限制、强制性信贷目标和审计报告等要求约束的金融部门。高帆则另辟蹊径地从信用的类型区分了正规金融和非正规金融：契约型信用是指农村经济主体通过签订契约从正规金融部门取得的信用，关系型信用是指农村经济主体通过关系从非正规金融部门取得的信用，关系型信用在我国农村领域更有普遍性和有效性，在一定程度上存在对契约型信用的基础效应。[②]

虽然在学术界，民间金融还有非正规金融、非正式金融、体制外金融等各种提法，在内涵和外延上也都有较大的重合度，国内外还没有形成统一的观点，但这并不妨碍我们进行讨论。具体而言，在正规的金融机构和各种民间借贷组织之外，我国还有大量的非正规金融机构，它们同时具有地方政府和民间力量的特点。这些金融机构包括农村合作基金会、供销社股金服务部、民政互助基金会以及各种基金、信托投资和财务、租赁公司等。其中，农村合作基金会是其中影响力最大、组织机构

① 张元红等：《中国农村民间金融研究——信用、利率与市场均衡》，北京：社会科学文献出版社 2012 年版，第 14-15 页。

② 高帆，《我国农村中的需求型金融抑制及其解除》，载《中经网》2003 年 1 月 20 日。

最为健全的全国性系统。

张晓山认为，那种认为农村合作基金会不是自然发育的合作组织，而是地方政府工业化初期发展产物的提法是不够准确的。多年来农村改革留下的历史遗产，除集体所有制的土地关系外，还有几十年的集体公共积累。这部分资金包括20世纪50年代合作化时农民将大牲畜入社折股的老股金及以后20多年集体的自有资金，它们是农村合作化历程的历史积淀。实行家庭联产承包之前，许多地区原生产队自有资金大多被社员欠款、干部欠款和外单位欠款占用。也有一些村庄为使这些财富免遭破坏，通过清产核资，在原集体积累折股到户的基础上成立了基金会，其资金来源主要是“欠转贷”及代管金。可见，建立基金会的初衷，最直接的目的是回收和管好农村集体经济组织的原有资金，使集体资金保值增值。①

学界普遍认为，1986—1992年是农村合作基金会发展的第一阶段，这一阶段可以说是以集体股金为主的规范发展阶段。1983年实行土地包干到户后，农村集体经济出现了集体资金被挪用或挥霍浪费的现象。根据张元红的调查，1986年，全幅乡政府清理集体资金，只剩下6万多元，实际现金只有3万多元，被挪用40%。为了管好这些资金，全幅乡政府把它集中到乡农经站统一管理。由于农村专业户、重点户发展很快，资金需求较大，全幅乡领导多次开会，决定成立基金会，规定只有拥有股金的单位和个人才能使用。1986年12月，全幅乡基金会正式成立，股本金13万元，利率比农村信用合作社低，贷款对象是农户，额度为50~100元。事情上报县、市、省，得到认可。一年后，基金会运

① 张元红：《当代农村金融发展的理论与实践》，南昌：江西人民出版社2002年版，前言。

作体现了良好的效益，引起了四川省领导的重视，省委书记专门听取了乡长的汇报。随后，四川省委在1988年发布第18号文件，要求在全省推广全幅乡的经验，并规定乡合作基金会依托乡农经服务站来建立，由农经站按照基金会的章程办理集资融资业务。S镇合作基金会就是据此于1989年1月15日成立的，但因为集体资金在乡财政所，基金会由S镇财政所管理，当时全乡16个村股金有36351元。1992年J县农业局和财政局联合发文（J农字〔1992〕1号）要求，在1992年2月底以前将基金会移交乡农经站管理，但呆滞账款除外。当时移交的股金为114187.35元，比成立时增长了3倍多。①

根据这些史料可以发现，农村合作基金会成立的基础还是比较民主、透明的，它有保护集体经济的积极性、主动性。这在很大程度上具有了农村信用合作的基本特点。四川省委对全幅乡合作基金会首创精神的肯定，对这类非正规机构的发展来说是一件好事。如果那些被省委授令成立的合作基金会能够取得较好的经济效益和社会效益，它就会顺利地存在一段时期。当然，那些基金会如果不能取得较好的经济效益或社会效益，就会很快成为负担。后来基金会发展的历史就恰恰证明了这一点。所以，各级政府部门还是要相信民间智慧并支持群众力量，但更多的是给它们一个变革的空间。② 这个空间可以是政策空间，可以是市场空间，但更重要的却是时间上的空间。也就说，得让先行的改革者有一个较长的实践积淀，让新事物有一个经得住时间考验的过程。其实，这些做法的最终目的正是让未改革者有一种被刺激、被启发的过程，从而自发主动地进行学习和变革。只有这样，改革才能更加有动力、更加有

① 张元红等：《农村金融转型与创新——关于合作基金会的思考》，北京：社会科学文献出版社2007年版，第102-103页。

② 丁开杰：《金融市场与金融体制改革》，北京：中央编译出版社2015年版。

效果。

由于国有银行垄断经营，信用工具不足，信用形式单一，存在补贴性信贷利率和信贷配给，导致农村金融需求难以满足。张元红等人的著作《中国农村民间金融研究——信用、利率与市场均衡》是中国社会科学院重大课题“中国农村民间金融研究”的最终研究报告。该研究除了利用国家统计局和农业部固定观察点提供的一些面上资料、大量相关研究的二手资料外，还专门进行了大规模的农户调查，包括8个省13个县63个村1882个农户的样本。该著作的研究表明，农户借贷中，有70%左右来自民间借贷。[①] 张元红、温铁军、何广文、郭沛、曹力群等人的研究也表明，民间金融在农户和农村小企业融资中的作用超过了正规金融部门。[②] 另外，在发展中国家中，农村金融的重要特征是“金融的二元性”（Financial Dualism），即现代金融部门和传统金融部门并存。[③]

根据温铁军、何广文、曹力群、贺军等人的研究，我国不同地区的民间借贷发生率都非常高（75%～95%）；2000年中国每个农户累计借入款为1020元，其中约700元来自民间借贷；2001年湖南省常德市334家个体工商户有过民间借贷行为的占76.6%；2002年仅浙江省温州

① 张元红等：《中国农村民间金融研究——信用、利率与市场均衡》，北京：社会科学文献出版社2012年版，第1页。

② 张元红：《农民的金融需求与农村金融深化》，载《中国农村观察》1999年第1期；温铁军：《农户信用与民间借贷研究》，中经网，2001年6月7日；何广文等：《不同地区农户借贷行为及借入资金来源结构研究》，农业部软科学基金资助课题1999年版；郭沛：《中国农村非正规金融规模估算》，载《中国农村观察》2004年第2期；曹力群：《目前我国农村民间借贷市场形成的原因、特点及其影响》，载《中国农村研究》2001年第8期。

③ ［美］迈因特著，复旦大学国际政治系编译组译：《发展中国家的经济学》，北京：商务印书馆1978年版；［美］爱德华·S. 肖著，邵伏军等译：《经济发展中的金融深化》，上海：上海三联书店1988年版；［美］罗纳德·I. 麦金农著，卢骢译：《经济发展中的货币与资本》，上海：上海三联书店1988年版。

市地下金融的规模已达600亿元之多。根据国际农业发展基金的研究报告，中国农民来自非正规市场的贷款大约为正规信贷机构的4倍。1997—2002年，农村非正规金融规模大致在2000亿元，对农民来说，非正规金融市场的重要性要大于正规金融市场。①

根据各方面的研究结果可以看出，在正规金融支持农村经济力度较大、手续简化的地区，非正规金融发生率相对较低，实质上农村金融的主力军还是非正规金融。正视这一点是我国农村金融研究和农村信用合作研究的基本条件。绝大多数研究者认为，非正规金融的存在表明已经构建的正规金融无法满足现实与潜在的需求。事实是，非正规金融一直存在，它会和正规金融争夺需求。这也是我国现在十分重视小额信贷的重要原因。

2005年中国人民银行在山西等5个地区开始小额贷款公司的试点，但迄今只成立了7家小额贷款公司，且准入门槛很高，对于农村金融市场的冲击力和积极效应还是比较有限的。更为关键的是，央行的试点工作并没有容纳现有的小额信贷机构。

在2006年3月北京举行的亚洲小额信贷论坛上，中国人民银行行长助理肯定了民间金融机构对小额信贷发展经济的积极作用。他认为，我国未来金融体系的充分竞争与多元发展需要大量民间资本的有效参与，从而改善现有金融体系的竞争结构和产权结构，改变目前金融体系竞争不充分以及产权机构单一的问题，从总体上提高金融体系的效率。

---

① 温铁军：《农户信用与民间借贷研究》，中经网，2001年6月7日；何广文等：《不同地区农户借贷行为及借入资金来源结构研究》，农业部软科学基金资助课题1999年版；曹力群：《目前我国农村民间借贷市场形成的原因、特点及其影响》，《中国农村研究》2001年第8期；中国人民银行常德市中心支行课题组：《对常德市农村民间借贷的调查》，载《金融参考》2001年第8期；贺军：《民间金融的大机遇》，载《新证券》2002年9月23日；张胜林：《交易成本与自发激励：对传统农业区民间借贷的调查》，《金融研究》2002年第2期；郭沛：《农村非正规金融：内涵、利率、效率与规模》，香港中文大学中国研究服务中心2004年版。

王曙光在自己的研究中提出，小额信贷的首要哲学是其民间性，也就是充分动员民间的非政府组织的力量，以非正式的金融机构弥补正式金融机构的不足。尊重民间的非政府部门的意愿，相信民间部门的积极角色。其次是小额信贷发展应包含着政府角色的重新定位。2006 年“亚洲小额信贷论坛”的共识是，基于小额信贷的民间性，政府应该做小额信贷机构的促进者（Facilitator）。再次是小额信贷强调其商业性而不是慈善性。这会促使它寻找可以获得利润的项目进行投资，这就直接有益于农村经济的增长和产业结构的优化，同时，也在无形中培育了农民的商业观念和市场意识，增强了其在金融市场中必须守信用的理念。最后是小额信贷的发展强调民间金融机构自身的自律性与对金融伦理规范的尊重。民间金融机构的最大资本，不是其拥有的资本金规模，而是其市场信誉。①

非正规金融机构和其他农户民间借贷有不少是无息借款，但一些低利率或“零利率”只是一种表象，放贷人会获得其他可货币化的收益或非货币化的收益。深化农村金融改革的思路，需要允许民间金融存在，但要合理规范、积极诱导。控制高利贷的主要出发点应该放在通过竞争用正规金融部门提供的充足服务将其挤出市场，或者促使它降低利率、改变经营方式。如果它们愿意接受监督管理和适当改造的话，可以积极引导其自上而下地重新创建新的金融组织。② 在 2006 年 3 月的“亚洲小额信贷论坛”之后，中国人民银行决定在山西、陕西、四川、贵州、内蒙古等 5 个地区进行小额信贷试点，积极推动民间金融的规范化与合法化，这个举措的意义十分深远。这表明，政府对由民间力量主导

---

① 王曙光：《草根金融》，北京：中国发展出版社 2008 年版，第 21-23 页。

② 张元红等：《农村金融转型与创新——关于合作基金会的思考》，北京：社会科学文献出版社 2007 年版，第 168 页。

的小额信贷的积极作用已经有了足够的认同，民间金融组织的小额信贷的发展已经开始有更为宽松的社会制度环境。同年10月，孟加拉乡村银行创始人尤努斯教授获得诺贝尔奖，更使得农村小额贷款在学术界和政府决策部门中受到前所未有的重视。

2006年12月20日，银监会发布《关于调整放宽农村地区银行业金融机构准入政策 更好支持社会主义新农村建设的若干意见》。上述方案更加深刻地触及当前农村金融市场的一些核心弊端，是最近十几年来农村金融领域力度最大的改革举措。王曙光认为，对于一般的非政府组织小额信贷机构而言，应适用宽松灵活的非审慎性监管体系，即小额信贷组织进行自愿性注册（适用于不吸收公众存款的小额信贷机构）或强制性注册（适用于吸收公众存款的小额信贷机构），要求注册的小额信贷机构进行定期的信息披露，并指导和鼓励小额信贷机构建立基于风险的内部监管体系。应允许其按照法律框架的要求升级和转型为银行类的正规金融机构。应鼓励行业协会的组建并鼓励其发挥更大的作用。为此，我国组建了“小额信贷联盟”。①

2007年8月，银监会发布《关于银行业金融机构大力发展农村小额贷款业务的指导意见》，勾画了农村小额贷款发展的总体蓝图，不过没有涉及民间现存小额贷款机构的合法化，这是比较令人遗憾的一个方面。②

山西平遥是小额信贷的5个试点县之一，当地原有两个小额信贷组织，即日升隆和晋源泰小额贷款有限公司。虽然现在的政策环境比较宽

① 王曙光：《草根金融》，北京：中国发展出版社2008年版，第30、31、37页。

② 2007年初，银监会颁布了《村镇银行管理暂行规定》《村镇银行组建审批工作指引》《贷款公司管理暂行规定》《贷款公司组建审批工作指引》《农村资金互助社管理暂行规定》《农村资金互助社组建审批工作指引》等6个重要法律性文件，为新型农村银行业金融机构服务“三农”提供了制度保障。

松，但是它们还面临着五大挑战。一是需要政府针对小额信贷实行有效监管，否则小额信贷组织的长期发展就缺少一种稳定的制度性保障。二是小额信贷组织如何实现商业上的可持续性，对小额信贷的利润有一个合理的、客观的、谨慎的预期是非常重要的，这样可以避免小额信贷公司产生一种焦躁的、跃进的心态。三是如何在当前农村金融体系下实现规模经济和资金来源的多元化，因为现有小额信贷试点中规定其不能吸收储蓄是最为头痛的问题。四是小额信贷组织自身的信誉与信用评级问题，因为我们对非政府组织似乎不是那么信任，这是一个文化问题，一个社会意识问题。五是小额信贷组织自身的风险控制和贷款担保问题。① 可见，银监会在制定这些政策框架后，应该及时地、坚定地执行，让基层的实施者们感觉这些政策不是一时兴起。

① 王曙光：《草根金融》，北京：中国发展出版社 2008 年版，第 16-19 页。

第五章

当代中国农村信用合作风险论

关于农村信用合作的风险，以往学者的研究多从纯经济和纯金融的视角考虑问题。在这种情况下的研究结果其实仅仅是对农村信贷风险的评价，而非是对农村信用合作的风险评价。实际上，在成立和发展几十年的历史中，新中国的农村信用合作所面临的风险来自政治、经济和伦理等各个方面。一些学者所指出的农村信用合作社的诸多缺陷，例如法人治理制度方面的所有者缺位问题、经营者腐败问题以及监督者越位问题，均可以从政治、经济、伦理的角度认为是一种风险问题。

第一节　农村信用合作的政治风险

1949 年以来，农村经济和农村合作金融已经在实践中发生了变化，我国目前的 3 万多家信用社，已经在实质上成为遍布城乡的社区银行。在改革的过程中，农村信用合作社还出现了增资扩股的情况。为了支持改革，中央政府于 2003 年决定拿出 1650 亿元的专项资金给予扶持，条件是：信用社的资本充足率分别达到 2%、4% 和 8%；按照“一逾两呆”口径考核，不良贷款比例较 2002 年 12 月末的降幅不低于 50%。达到就拿到资金，达不到就失去优惠。因此，某某区政府对本地区职工下达存款任务：县处级 2 万元、科级 1 万元、副科级 7000 元、一般人员

2000~3000元不等，存款3年不取，存款性质有关工作人员解释为“入股分红”，完不成任务受到政府相应处罚。①

2004年11月20日，某某县根据2004年8月底数据测算，实行一级法人体制，取得专项票据需要增资扩股6199.76万元，兑付专项票据时要再增资扩股1442.10万元。因此，他们提出增资扩股的目标是7641.86万元，要求全县“党政机关各级领导干部带头入股，并号召机关、团体、事业单位的公务员、工作人员积极入股”。“县级干部2万元，科级干部1万元，工作人员5000元，教师3000元”，还“实行行政首长负责制和责任追究制”以“确保在12月25日前完成增资扩股的各项任务目标”，“不能按时完成任务的，取消其当年评先资格，并通报批评”，“农村信用社职工个人如果不能在规定时间完成任务的，暂时待岗，宽限一个月仍完不成任务的，责令其下岗”，等等。②

合作制还应该存在，但不是硬性要求信用社搞合作制，而是按照“增量改革”的思路来建立新的真正的合作制。这个合作制，应该是农民自发的，应该是以农民为主体进行组建的，应该是遵循互助合作原则的。各种组织都应基于一组规则，一套或源于自愿契约或源于政治权威的章程。经济组织是以资源的契约承诺为基础、以追求营利性为目标，并将其运行于市场中的一种组织。具有决定性意义的问题是：谁享有最终利润或承担可能的亏损？如果一个组织的合伙人不止一个，该如何分配利润或承担亏损？随之而来的问题是：谁控制组织的短期经营和长期

① 乔国栋等：《河南农村信用社改革利益下的如火增资扩股潮》，中国金融网，2005年1月6日。

② 乔国栋等：《河南农村信用社改革利益下的如火增资扩股潮》，中国金融网，2005年1月6日。

经营？如果所有权和管理控制是分离的，那么所有者如何控制经营者？[①] 这些都应该是农村信用合作社改革考虑的最核心问题。

改革开放时期曾经风靡一时的农村合作基金会就非常深刻地说明了政治风险的影响。张元红认为，20 世纪 80 年代基金会产生的一个重要条件便是自下而上（从全幅乡到四川省）各级政府部门的积极推动。[②] 在改革开放的初期，中央政府及有关部门对于基金会的产生和发展采取了明确肯定和积极支持的态度。如 1984 年中央 1 号文件“允许农民和集体的资金自由或有组织地流动，不受地区限制”。1985 年中央 1 号文件提出“放活农村金融政策，提高资金的融通效益”。

1986 年中央《关于清理农村财产的意见》（中办发 27 号）提出，“近年来，一些农村合作经济组织自愿把集体资金集中起来，采用有偿使用的办法，用于支持本乡、本村合作经济组织和农户发展商品生产。这种办法只要不另外办理吸收存款，不对外发放贷款，只在内部相互融资，应当允许试行”。1987 年中央 5 号文件《把农村改革引向深入》再次肯定，“要发展多样的资金融通形式。近几年……一部分乡、村合作经济组织或企业集体建立了合作基金会；有的地方建立了信托投资公司。这些信用活动适应发展商品生产的不同要求，有利于集中社会闲散资金，缓和农业银行、农村信用社资金供应不足的矛盾，原则上应当予以肯定和支持”。

到了 20 世纪 90 年代中期，中国的宏观经济政策发生了变化，这也成为不少学者认为农村合作基金会最终会被清理取缔的理由。例如，

---

① 张元红等：《中国农村民间金融研究——信用、利率与市场均衡》，北京：社会科学文献出版社 2012 年版，第 154 页。

② 张元红等：《农村金融转型与创新——关于合作基金会的思考》，北京：社会科学文献出版社 2007 年版，第 5 页。

1996年中央政府出台了一系列限制性的政策：基金会不是金融机构，不得办理存款和贷款业务，利率必须相同，分红必须限制，取消税收优惠。在这种宏观政策的影响下，基金会的金融风险不断积累。到了1997年底，与基金会类似的供销社股金服务部在四川各地发生挤兑风波，影响了群众的信心，基金会存款下降幅度很大并持续一年多。这种形势严重影响了合作基金会资金的周转和贷款的发放。

再加上1997年的亚洲金融危机促使中国政府加强对金融市场的监管，国务院在1999年1月用3号文件正式宣布在全国范围内统一取缔农村合作基金会，而四川省从当年3月便全面启动清理整顿工作。从根本上讲，非正规金融机构的长期存在会在体制上影响整个金融系统的风险。

政府信用在计划经济时期十分强大。若建立在统一所有制度的情况下，则企业与金融机构之间的信用关系实际上是政府信用的一种扩展形式。政府信用通过权力渗透，将农村合作基金会改造成政府控制的金融组织，为企业融资提供各种形式的担保，甚至以政府名义为县乡经济发展进行社会筹资。20世纪90年代后期，企业生产陷入困境，债务偿还负担沉重，为彻底摆脱债务，企业做出了破产转制、逃废债务的选择。结果是农村企业很难从国有金融机构获得贷款，贷款供给不足直接影响企业生存、发展。①

与此同时，民间信用乘关闭农村合作基金会之机走到农村金融的前台，发挥了信用替代的作用，缓解了企业资金不足的压力，维持了不少企业的正常运行，在农业生产方面也解决了农户暂时的资金困难。据统

① 张元红等：《农村金融转型与创新——关于合作基金会的思考》，北京：社会科学文献出版社2007年版，第28页。

计，1998—2000 年，J 县农村信用合作社存款减少 7154 万元，贷款 900 万元，获得贷款的农户占总农户的 21.5%，农村居民小额资金需求主要通过民间信用解决。①

当农村合作基金会成为改革开放和国家经济发展的一种需要时，各级政府部门都给予了各方面的支持甚至是全面的推动；当这种组织出现问题时，各级政府也成了取缔它的力量。特别是在四川这个农村合作基金会的诞生地，省委省政府发布的（1999）10 号文（《四川省清理整顿农村合作基金会实施方案》）规定，“凡未按统一部署和实施方案”开展清理工作的要“追究当地党政主要负责人和有关部门人员的责任”。

所以，建立中国的信用合作制度必须弄清政府在其中所扮演的角色。政府首先应该遵守地区发展与公平竞争的原则（如 WTO 的非歧视原则、互惠原则、市场准入原则、公平竞争原则等），给予各种金融组织和机构以平等竞争和发展的机会。政府当前的两个任务是改革体制中与市场经济不适应的部分和学习探索有利于市场经济发展的制度（确立产权制度并有效地保护产权、建立鼓励并保护竞争的制度、建立市场规则），为真正的农村合作金融提供良好的土壤和环境。

第二节　农村信用合作的经济风险

我国在整个经济转轨时期强调“摸着石头过河”的方法论。按照政府的设计，中国的农村金融将发展成为合作金融、商业性金融和政策性金融互为补充的完整体系。但目前合作金融有名无实，商业性金融逐

① 张元红等：《农村金融转型与创新——关于合作基金会的思考》，北京：社会科学文献出版社 2007 年版，第 18 页。

步退出农村地区，金融体系累计的不良贷款数额巨大。同时，又有很多农民和乡镇企业的金融需求得不到满足。所以，在任何具体的改革面前，改革者都需要一套逻辑清晰的改革思路和切实可行而又内部逻辑一致的政策框架。在中国40多年经济改革的一般经验中，很重要的两条是渐进式的增量改革模式和局部试验推广的方法论。

农地金融问题是学者们讨论很多的一个问题，但是其中存在一个一直没有解决的矛盾。可以说土地改革运动确立了农民对于土地的所有权，但不是一种私有权。1955年5月7日，国务院出台了《关于农村土地的转移及契税工作的通知》，其中规定，“农村土地买卖、典当及其他转移，均应首先报请乡人民委员会审核，转报区公所或区人民委员会批准（未设区的报县、市人民委员会批准），并取具区公所或区人民委员会的介绍信（未设区的取具县、市人民委员会的介绍信），始得办理契税手续”。

这种政策主要目的就是防止农民变卖土地，并最终影响农民和农村的稳定。“上列各机关对于申请开具土地买卖、典当及其他转移介绍信的事项，必须查明其原因，分别处理：对于农民因生产、生活困难，而出卖、出典土地者，应帮助他们解决困难，以免他们出卖、出典土地；对于农民之间为了生产生活的便利，而互相调换远近好坏土地的，则不应加以限制；对于以出租土地进行剥削为目的而购买土地者，以及对于无正当职业、不事生产、出典土地维持生活者，则不应开具介绍信。”随着农村土地在人民公社成立后转变为集体所有，农村土地自由买卖终于停止。

随着土地兼并淡出了人们视线的，则是中国历史上的农地抵押贷款、农地信托、农地租赁。1962年《农村人民公社工作条例修正草案》

（简称《六十条》）规定，“生产队范围内的土地，都归生产队所有。生产队所有的土地，包括社员自留地、自留山、宅基地等，一律不准出租和买卖”，确立了“三级所有，队为基础”的集体土地所有制。1978年，实行家庭联产承包责任制以后，集体所有农民使用的农地所有制度形式基本定格。1982年《宪法》第十条规定：“农村及城市郊区的土地，除由法律规定属于国家所有的以外，属于集体所有；宅基地和自留地、自留山，也属于集体所有。”虽然也有学者认为，农民仍有自留地，所有权属于私有，[①] 但这对于农地金融的意义仍然不大，因为这种所有权和新中国成立初期的农民所有权实质上仍然没有什么区别。邓小平在1990年曾说：“中国社会主义农业的改革和发展，从长远的观点看，要有两个飞跃。第一个飞跃，是废除人民公社，实行家庭联产承包为主的责任制……第二个飞跃，是适应科学种田和生产社会化的需要，发展适度规模经营。”[②] 建设真正的新农村，必须通过农村土地流转，首先土地规模化经营，进而实现农地金融制度的同步跟进，才能突破当前的经营瓶颈，提高农业生产力水平。

农地金融问题带来了严重的经济风险。一方面因为缺少银行认可的抵押品，绝大多数农户受到正规信贷的“排斥”。这不仅抑制其扩大再生产的愿望，使得一般农户无法通过便利融资改变落后的生产方式，还导致了长期的信贷约束下贷款申请的心理压抑，使得农户对获取正规信贷的需求低，其金融需求更多地寻求非正规渠道解决。结果是，农村对资金的需求与渴望推动了各类非正式金融的发展。选择在对非正规金融缺乏有效监管和规范的条件下，农村“山寨”银行、高利贷问题就会

① 邹新阳：《农地金融制度构建研究》，北京：科学出版社2015年版，第24-25页。
② 《邓小平文选》第3卷，北京：人民出版社1993年版，第265页。

频发，增加了农民贷款成本并影响了农村金融市场的健康发展。与此同时，由于我国农村土地不允许被抵押，附着于土地之上的长期性生产投资形成的资产抵押也受到了限制。在此条件下，蓬勃兴起的新型农业经营主体的发展面临两大困境：一是因资本积累缓慢而难以有效推进农业生产投资的改进；二是规模经营对流动资金的需求量比较大，如果投入土地之上的固定生产投资无法有效周转，将加剧其经营风险。在我国向农业现代化转型的关键阶段，农业与农村发展建设投资的需求加速增长，金融资金的配置跟不上将会极大阻碍农业的现代化发展。[①] 另一方面，农地金融制度的参与主体包括制度供给者（包括农户、农场主、农业企业、农村金融机构等内生制度供给者，中央政府和地方政府等外生制度供给者）、制度需求者（包括农户、农业企业等筹资者，个人、企业、金融机构和政府等投资者）和制度实施者（主要包括土地合作社、土地金融公司、土地银行或者专门的农地银行、农地信托机构等）等几方面。但实际上，农地金融制度服务的对象是单个农业生产者，银行和每个农户打交道，交易费用很高。一般是农户先组成合作社，对农地的信用状况、农地规模和质量等进行考察、估价，再报送材料到土地银行，土地银行审核后决定是否授信。我国目前农地合作社的合作人仅限于同一集体内部，土地使用权登记制度完善后可实现跨集体农地金融合作。农地金融业主要为5~60年的长期抵押贷款。针对生产周期长、风险大和保障性约束的农业产业，农地抵押贷款业务一般具有政策性的特点。[②]

农村信用合作的经济风险还可以通过农村合作基金会的发展和取缔

---

① 程郁、王宾：《农村土地金融的制度与模式研究》，北京：中国发展出版社2015年版，前言。

② 邹新阳：《农地金融制度构建研究》，北京：科学出版社2015年版，第17页。

来表现。1993—1995 年为基金会以个人股金为主的突破发展阶段。J 县县政府于 1993 年起与县农业局和各乡镇人民政府分别签订了基金会目标责任书，对集资任务、融资率、到期借款回收率、股金年红利率和业务培训下达目标任务。1993 年底，J 县基金会股金比 1992 年增长 1.04 倍，其中集体股金达 54956 万元，个人股金达 485.76 万元，分别比上年增长 20%和 8.5 倍。1994 年底，各项股金余额为 2036.79 万元，其中农户股金达 1431.29 万元，占总额的比重由 1993 年的 46.1%上升到 70.3%。1994 年，四川省对各乡镇基金会重新登记发证，正式明确了基金会的法人地位。1994 年 7 月中旬，J 县成立了基金会县联合会以方便跨区资金融通。① 这种股金飞速增长，为之后的收益分配埋下了经济风险的种子。

从 1991 年开始，J 县农经委和农业局《关于做好农村合作基金会 1991 年度收益分配工作的通知》提出“保红利、留积累、控费用”的原则。由于农村信用合作社平均年利率是 7.88%，效益差的基金会以 7.88%为下限，效益好的不超过该下限的 3 个百分点。1992 年的分配原则是“统筹兼顾、少扣多分、确保兑现、促进发展”，把“可分配收入的 60%以上分配给资金所有者”，“实行股份权益平等的原则”。② 但是，以后的发展却是保持高于信用社的存款利率不变，主要是为了同信用社竞争，以吸收更多资金。从收益分配上看，基金会也不是独立的法人经营实体，股东和会员的权利未被体现。忽视制度建设而一味以同信用社竞争为手段追求业绩，这在经济形势好的时候问题还不突出，一旦形势

① 张元红等：《农村金融转型与创新——关于合作基金会的思考》，北京：社会科学文献出版社 2007 年版，第 103 页。

② 张元红等：《农村金融转型与创新——关于合作基金会的思考》，北京：社会科学文献出版社 2007 年版，第 113 页。

有所变化，必将面临严重问题。

事实就是如此，农村合作基金会在后来还是出现了问题，并被取缔。基金会的经济风险随着它们并入农村信用合作社而蔓延到了更为广泛的金融领域。例如，为了使基金会能整体并入信用社，减少以后工作的难度，J县政府向基金会注资3000多万元，其中，向上级政府借的统借统还资金2000多万元，向单位和个人借款1000多万元。2000年底，J县共负债3.77亿元（县财政负债2.88亿元，乡镇负债8548万元），其中为基金会借的统借统还资金1900万元，为乡镇企业贷款担保形成的债务15826万元，借单位和个人9456万元，粮食企业亏损挂账4716万元，向上级政府借的财政周转金1903万元，清理供销社股金形成的债务1270万元；而该县的财政收入只有5000多万元。取缔基金会，对于信用社而言是增强了实力，但并入质量不高的资产却导致其信誉受到了影响。①

1998年下半年到1999年上半年的J县部分农村信用合作社遭遇了严重的排队取款危机。实际上，信用社的贷款增加较多而存款受信誉影响增幅下降甚至绝对数下降是需要面对的现实。J县信用社接收了7550万元存款，但存款余额在1998年、1999年已经出现严重的资金不足问题。接收农村合作基金会资产时，信用社向人民银行借了3000多万元以应对支付。1997年该社尚有大量富余资金，但2000年时资金缺口已经非常大，净借入资金高达近7000万元，相当于当年存款余额的1/5，当年存款增量的5.5倍。②

① 张元红等：《农村金融转型与创新——关于合作基金会的思考》，北京：社会科学文献出版社2007年版，第33、21页。

② 张元红等：《农村金融转型与创新——关于合作基金会的思考》，北京：社会科学文献出版社2007年版，第23页。

因为农村信用合作存在的经济风险，我国在很早的时候就建立了农业保险制度。中国农业保险开始于1950年，中国人民保险公司先后试办了棉、麻、大豆和牲畜保险，但1953年即全面停办。到了1980年，农业保险随保险业一同恢复，但业务总量非常有限，且时常出现反复。1982—1992年，保费收入由0.11亿元增加到8.62亿元，但1992—2001年又减少到3.31亿元。① 这种反复的情况说明农业保险也是风险很大的。进入21世纪之后，我国开始尝试对规模农业实施中外资金共同支持的保险业务。2000年3月，法国安盟集团开始向我国提交农业保险经营许可的申请。到2004年10月，我国首家外资农业保险公司法国安盟集团保险公司四川分公司成立。同年7月和9月，吉林安华农业保险公司和上海安信农业保险公司成立。

2005年1月11日，我国又成立了首家相互制保险公司——黑龙江阳光农业相互保险公司，标志着我国农业保险发展组织性质的重大突破。2007年1月29日保监会批准筹建的安徽国元农业保险公司于2008年正式开始营业。目前，我国已经形成了政府代办农业保险的商业保险公司、专业股份制农业保险公司、相互制农业保险公司、政策性农业共保体、外资保险公司等5类农业保险组织。但是，因为数量较少，这对于中国十分广大的农村市场而言还是远远不够的。

第三节　农村信用合作的伦理风险

农业是国民经济的根基，一旦“三农”出现问题，整个社会都可能出问题。邹新阳主张，防范农村信用合作风险要限定农地金融服务对

① 何光伟、李树生：《农村金融学》，北京：中国金融出版社2008年版，第67页。

象，首先确定服务对象为市场型农户和部分维持型农户；其次保证农地使用权抵押执行，政府要保证农地使用权物权的完整性，农民要明确财政资金和农地抵押贷款的区别；最后设立农地金融风险基金，构建多制度共保防范体系。①

以往研究多认为，关于金融风险，借款人面临的有自然风险、经营风险和人事风险等，贷款人面临的有市场风险（农地金融期限长、利息低，因此受利率和通胀影响更明显）、道德风险（农户改变资金用途、直接逃废债务，金融机构内部人员利用信息牟利、过失造成信用出险）、管理风险（农地贷款因为管理不善导致收益不确定）等。

据张元红调查，农村合作基金会的工作人员多是非金融专业甚至完全外行，而且多为兼职，S 镇 5 名工作人员，4 人是农经站干部，1 人是乡干部；1993 年以后，J 县政府每年都给县农业局下合作基金会目标责任书，合作基金会的发展指标变成了政绩考核指标，正常的经济活动变成了政治动员。J 县基金会关闭后，J 限审计局的审计结果是，资产负债率是 102. 1%，未能移交信用社的不良资产有 82. 5%是违规放款造成的。②

刘玲玲就认为，农村合作基金会的根本问题不在于其以非金融机构身份从事存贷款业务，而在于公立机构插手金融活动。简单地禁止基金会，又可能掩盖了问题的实质。③ 张元红也明确地指出，从当时的市场供求状况和信用社的经营管理角度看，农村金融供给远远不能满足需求，信用社也存在缺点，其资产质量并不好于基金会，基金会有可能在

① 邹新阳：《农地金融制度构建研究》，北京：科学出版社 2015 年版，第 84-85 页。

② 张元红等：《农村金融转型与创新——关于合作基金会的思考》，北京：社会科学文献出版社 2007 年版，第 14-15 页。

③ 刘玲玲、杨思群等：《中国农村金融发展研究》，北京：清华大学出版社 2007 年版，第 294 页。

竞争中胜出。[1] 当然，基金会确实已经酿成了实际的金融风险，在部分地区引发了挤兑风波。但这并不能说明基金会清理关闭只是早晚的事。

当农村合作基金会结束自己生命的时候，政府为了维护社会和金融秩序的稳定，选择了将基金会的资产并入农村信用合作社，当然绝大多数是将同一地区的农村合作基金会和农村信用合作社进行合并。我们可以想象，并入信用社的存贷款规模都是十分庞大的，肯定会影响之后信用社的经营状况。但所有改革中并入的资产质量并不一致，有的甚至很差，这些直接并入的方式使得农村合作金融的信誉受到了影响。根据下列数据，我们可以清楚地看出，农村合作基金会和农村信用合作社的合并出现了新的复杂问题。

L 市农村信用合作社接收了农村合作基金会 7 亿元存款和 10 亿元贷款，相当于信用社当时存款的 1/4 和贷款的 40%；L 市 Y 区 22 个基金会中有 14 个并入信用社，并入存款 7000 多万元、贷款 9000 多万元；J 县 27 个基金会全部并入信用社，存贷款分别为 7550 万元、3542 万元。J 县中国建设银行 1995 年撤出，资产并入城市信用社；1998 年，全县 29 个农村信用社合并为 5 个中心社（法人社），撤销 35 个信用社，2000 年又撤销 4 个分社，目前农村信用社网点仅剩 48 个（信用社、分社、储蓄所）；2001 年城市信用社并入农村信用社。1999 年 6 月，S 镇信用社接收贷款 139.4 万元，到 2001 年 5 月底只收回了 5.1 万元，剩下的 100%是不良贷款，逾期 0.9 万元、呆滞有 123 万元、呆账 10.4 万元；M 镇信用社接收 86 万元贷款，仅收回本金 0.52 万元。[2]

---

① 张元红等：《农村金融转型与创新——关于合作基金会的思考》，北京：社会科学文献出版社 2007 年版，第 14 页。

② 张元红等：《农村金融转型与创新——关于合作基金会的思考》，北京：社会科学文献出版社 2007 年版，第 62-63 页。

当然，以农民为代表的借款方也存在对农村信用合作社产生伦理风险的行为。早在新中国成立后的前30年，由于有国家作为信用社的投资人和风险承担者，人民公社、生产大队和贫下中农管理组织都采取了“搭便车”行为，使信用社的利益受损，信用社最终只能收归国家银行管理。在这一时期，国家银行积极为信用社职工争取“非农化”待遇，信用社职工最终形成了独立的利益，并从此开始严重地影响着信用社的演进轨迹。此时的信用社从产权来看，已是公有产权，个人的股份已经被否认；从分配制度上看，分红已经完全停止；从民主管理方面看，社员已被排除在决策层之外。①

在农村信用合作社的经营风险中，被认为最为严重的风险是被保险人的道德风险。在多年以前，四川某县农业保险试点仔猪保险。当时的要求是被保险人要将死亡仔猪的耳朵拿给保险人，以证明仔猪确已死亡。结果是，该县后来进入屠宰场的生猪多数只有一只耳朵。还有一户的死猪被其他农户拉来拉去进行多次赔付。②

总而言之，在政府、内部人和农民3个方面，以往的研究多是以农村信用合作社为中心，从纯经济的视角希望将问题与政治环境、经济环境以及伦理道德环境隔离开来。实际上这是不可取的。以往研究者认为中国不存在真正的信用合作社，或认为如果要建立真正的信用合作社需要另起炉灶。但是，回顾几十年农村信用合作社发展的历史，如果下定决心化解各方面的风险，农村信用合作社应该能够逐渐走上真正合作化的道路。

---

① 周脉伏：《农村信用社制度变迁与创新》，北京：中国金融出版社2006年版，第96页。

② 邹新阳：《农地金融制度构建研究》，北京：科学出版社2015年版，第142页。

第六章

当代中国农村信用合作阻力论

阻力与风险内涵不同。风险强调的是可能存在的对事物本身发展起着逆向作用的潜在问题，而阻力则强调的是现实存在的对事物发展起着逆向作用的直接问题。对于阻力，我们可以通过各方面的建设进行彻底的解决。当然，并不是说这种解决是轻而易举的，也不是说这种解决是一劳永逸的，也不是说解决之后就不会产生其他阻力。但无论如何，当代中国农村信用合作的阻力是一种现实的、具体的问题，是能够通过具体的工作加以解决的。因此，这个问题存在时间的长短以及是否被重视，直接反映了我们对于农村信用合作事业的态度。

第一节　农村信用合作的制度抑制

不少学者对农村信用合作社的研究往往用是否促进“三农”问题的解决作为评价信用社成败得失的标准。这体现了中国农村信用合作社的一种特点。正因为如此，是否将农村视为可以是市场化的领域或者农村是否可以走向市场化，便是研究者讨论十分激烈的问题。由此便产生了农村信用合作的制度抑制问题。

美国农业经济学家舒尔茨基于美国的农业实践，认为小农是有理性的，农户等同于企业，农民相当于企业家，农民是具有追求利润最大化的理性人。斯科特则认为，小农的最优化行为取决于消费满足与劳动辛苦程度的均衡而不是利润与成本间的比较，也就是说，小农坚守的是安全第一原则和生存取向原则。何广文认为，既有规模化生产的理性小农，也有生存取向者。就他们进入信贷市场的能力而言，理性小农有条件进入商业信贷市场，生存取向者只能通过补贴性信贷供给方式得到满足。① 这也许可以算作是围绕农村市场化进行争论的双方的理论基础。

周霆和邓焕民认为，“三农”的根本问题是小农经济，效率低下是小农经济阻碍农村经济发展的原因，制度抑制是小农经济的桎梏。因此，突破小农经济局限的唯一途径，在于制度供给。这种观点从“三农”理论角度提出，反对以人为引导产业化、工业化、城镇化等作为农村经济的基本政策，主张用市场化取向的制度供给促进农村经济发展。深化农村经济体制改革的关键在于实行土地制度变革。同时认为从农村信贷契约的特点出发，农村金融的主要问题是市场低效问题，并在此基础上提出了农村金融体制改革的一系列主张。②

农村金融的主要问题不是供给不足而是有效需求不足，只能以制度供给为手段增加有效需求。农村信用合作社不能成为农村金融主力军，在市场低效情况下，政策性银行是解决市场问题的主体。实际上，信用社体制改革应该做到以下几点。对于可以吸收社员自愿入社的信用社，恢复其合作金融性质，并按合作金融要求创新制度安排；对于具有商业银行性质的信用社，放手转型并按商业银行管理，同时在该地区积极支持农民自愿组成新的合作金融组织；对资不抵债的信用社分期分

① 周霆、邓焕民：《中国农村金融制度创新论——基于“三农”视角的分析》，北京：中国财政经济出版社 2005 年，序。

② 周霆、邓焕民：《中国农村金融制度创新论——基于“三农”视角的分析》，北京：中国财政经济出版社 2005 年版，第 2、33、34 页。

批逐步关闭，支持农民重新自愿组成新的合作金融。在此之前，从严控制信用社贷款利率和规模，对信用社存款和“三农”贷款制定专门办法。①

新中国成立后的土地改革时期，农民获得土地所有权的性质是国家进行的产权分配，具有与财政分配相同的性质。制度抑制是制约农村经济发展的根本原因，制度抑制即制度供给不能满足制度需求，解决的主要办法是国家的制度供给。自实行农村经济体制改革以来，我国主要的制度供给是 4 个政策系统：家庭联产承包责任制、农产品流通体制改革、发展乡镇企业和农村土地制度调整（大多数学者将之纳入联产承包）。承认制度是经济增长的要素，是一切经济体制改革的理论依据，这个理论依据必然突出制度供给的地位和作用。农村经济制度供给的根本任务有 3 条：一条是产权，清晰地界定产权；一条是市场，完善要素市场；一条是要有切实的制度执行保障。

雅荣等认为，农村金融市场主要有以下几个问题。第一，没有完善的农村金融市场法律与监管体系。主要包括土地所有权及登记制度不完善，金融市场的交易缺少高效的法律保障，对非存款机构发放贷款的管制。第二，农村金融机构无法使业务成本与收益内部化。信息不充分导致出现搭便车、道德风险、逆向选择等外部性问题和激励问题。第三，城市优先政策。农产品价格低并受控制及价格不随季节调整，对农用工业品高度保护，财政向城市基础设施倾斜而忽视农村基础设施建设。第四，法律监管体系问题。许多国家在法律、监管和制度方面的缺陷阻碍了农村金融机构无法向农民和农村企业提供信贷服务。第五，关于限制

① 周霆、邓焕民：《中国农村金融制度创新论——基于“三农”视角的分析》，北京：中国财政经济出版社 2005 年版，第 5-6 页。

抵押物使用问题。[①] 如果将这些原因进行归结，它们仍然属于制度抑制的问题。

因此，有人把农村土地制度存在的弊端称为“土地财产权利贫困”。[②] 20世纪90年代以来，大规模政府征地使农村土地制度安排存在的问题开始暴露，学术界对农村土地制度的研究局限也集中在一系列的产权缺陷中。这种残缺包括土地使用权残缺、土地收益权残缺、土地处分权残缺。形成这种农地残缺的原因主要是土地所有权的多元化制度安排。土地集体所有制是一种特殊的国家所有，通过集体所有的制度安排实现所有权从私有到国有的转变。

在制度抑制之下，我国的农村金融存在一系列问题。首先，结构和功能存在缺陷。结构性缺陷主要指政府主导的金融处于绝对主导地位，民间资本型的中小商业金融和互助金融缺失、区域性和地方性银行机构缺失。功能性缺陷主要指现有农村政策金融功能不全，国有商业金融功能弱化，农村信用合作社不适应农村经济。其次，金融抑制问题。金融抑制的特点是，农村金融市场开放的深度有限并且远落后于城市金融，农村储蓄资源的利用率低并造成农业资金通过金融机构的存贷差而转移和流失。金融抑制的结果是，能够获得正规金融机构组织贷款的农民仅是一小部分。[③]

何广文认为，农村金融体制存在的缺陷是：农村金融深化程度较

---

① ［美］雅荣、本杰明、皮普雷克：《农村金融问题、设计和最佳做法》，中国农村金融研讨会阅读材料2002年9月版，第7-8、31-40、95页。

② ［美］洪朝辉：《论中国农民土地财产的贫困》，载《当代中国研究》2004年第1期。

③ 叶兴庆：《论我国农村金融抑制与金融深化》，载《现代金融导刊》1998年第3期；何广文：《合作金融组织的制度性绩效探析》，载《中国农村金融》1999年第2期；张杰：《中国的货币化进程、金融控制及改革困境》，载《经济研究》1997年第8期；［美］罗纳德·I. 麦金农著，卢骢译：《经济发展中的货币与资本》，上海：上海三联书店1988年版。

低，经济改革给金融格局带来的变化是“显著的，但不是深刻的”；农村正规金融供给不足，民营经济和中小企业没有相应的正规融资渠道；县域金融抑制和萎缩，县域经济发展资金动力不足；国有商业银行结构性市场退出和农村民营金融的市场进入匹配；农村企业发展的融资机制不健全，间接融资仍占主导地位；农户融资机制不健全。① 王曙光则简单而有力地将其概括为农村金融四轮驱动、总体疲软。第一个轮子是商业性金融，第二个轮子是农村的政策性金融，第三个轮子是农村合作金融，第四个轮子是农村民间金融。这 4 个轮子的驱动在总体上都表现出疲软的特征。②

近年来，国家不断深化推进“金融支农”工作，通过强化县域金融机构当地存款投放当地的约束、补贴支农金融机构在村镇设立服务网点、调整涉农业务风险管理标准、对农村金融机构定向降准，以及给予支农再贷款和再贴现等支持，鼓励金融机构下沉农村、调动其“三农”信贷投放的内在积极性。尽管取得了一定的成效，但还无法从根本上解决现实中农村有效抵押资产缺乏与金融机构基于资产抵押的信贷供给机制之间的矛盾。③

现行土地制度对于农村金融同样存在深刻的影响。第一，导致农村金融市场的有效需求下降。土地制度对于资本性投资的排斥，使农村经济微观主体对于市场融资的有效需求明显下降，从而导致农村金融市场的有效需求下降甚至不足，最终导致商业性农村金融的供给不能有效实

① 何广文：《中国农村经济金融转型与金融机构多元化》，“中国农村金融与信贷设施国际研讨会”大会报告论文 2004 年版；何广文主持：《金融机构经营机制转换对农户融资的影响极其政策选择》，国家自然科学基金课题研究报告 2003 年版。

② 王曙光：《农村金融变革与小额信贷发展——在中国人民银行“全国小额信贷研讨班”上的演讲》（《草根金融》第 112-121 页）。

③ 程郁、王宾：《农村土地金融的制度与模式研究》，北京：中国发展出版社 2015 年版，前言。

现。第二，导致农村金融市场低效。由于土地制度的约束，农村土地及房屋不能抵押，农村金融机构缺少有效的保证手段，签订信贷契约就需要搜寻更多的信息，这必将导致农村金融机构的信息成本大量上升，结果使农村金融市场沦为低效市场。再加上存在信息悖论，商业性金融机构通常只能选择放弃信贷契约，退出低效市场的经营策略，反过来又必然影响到商业性金融的供给。第三，导致对农村政策性金融的需求增加。在低效和有效需求不足的影响下，满足农村经济发展的融资要求，只有通过政策性金融充分发挥政策性作用来实现。

缓解金融抑制的办法则是农村金融体制改革以政府为主体的强制性制度变迁方式；深化改革的出路在于完善农村金融组织体系，推进金融深化，规范农村资金借贷行为，并对非正式金融制度持积极肯定态度。① 最终，制度创新使人均产出水平提高和人均消费水平提高。根据历史经验，能够产生这个结果的制度变化，有形成以市场关系为基础的产权交易制度、新制度使得的社会交易成本趋于降低等几个最基本的特征。② 事实也证明，只要克服制度抑制，创新制度供给，农村信用合作社可以办得很好，且能有力地推动“三农”问题的解决和“三农”事业的发展。山西临汾的信用社绩效很好，当地四大银行都难以与其抗争。这种信用社实力最强的例子虽然在全国都十分罕见，但也说明了信用合作社并非没有发展前途的。

---

① 何广文：《从农村居民资金借贷行为看农村金融抑制与金融深化》，载《中国农村经济》1999 年第 10 期；樊纲：《克服信贷萎缩与银行体系改革》，载《经济研究》1999 年第 1 期；李建华：《农村金融制度变迁时期的灰色金融业》，载《经济学动态》1998 年第 9 期。

② 周霆、邓焕民：《中国农村金融制度创新论——基于“三农”视角的分析》，北京：中国财政经济出版社 2005 年版，第 182 页。

第二节　农村信用合作的经济至上

单从金融的角度看问题的话，只要在不违反法律的情况下，能够使放款者和借款者都得到既定或期望的收益，这样的借贷就是成功的。但如果从整个经济甚至整个社会发展的角度看问题，这就不一定是成功的或有益的了。早在新中国成立初期，农村金融工作人员就已经意识到，短期的经济收益和长远的经济效益、社会效益是不同层面的追求。

1954 年，陕西渭南专区人民银行督导处的刘芝仪，在对自己近 3 年农村金融工作进行自我检查时，将这种关系表达得十分清楚："我在农贷发放中，常常愿意发放副业贷款，而不愿意发放农业贷款。因为农民贷到副业贷款以后，到不了几天，贩一两次牲口或做生意，马上就可以得到实惠，使他们赚了钱立即改善了生活；而如果发放农业贷款，如化肥贷款等，则至少需要一个季节以后才能使农民得到实惠，有时可能因贷款使用不当而造成浪费。"刘芝仪接着对自己的这种思想进行了自我批评，"由于农副业贷款的盲目发放，助长了农村资本主义的发展"，因为"在蒲城县荆姚去工作的时候，给一个农民贷了副业款，使他由富平到蒲城贩牲口，据说一个月的时间，贩了三次牲口赚了四十多万元［注：旧币，折合人民币四十多元］，促使他当时地里的棉花也不拾了而贩牲口"。[①] 只重视农业而忽视副业在现在看来也是不合适的，但是，在新中国初期建设的大背景下，农业生产对于国家、社会，包括对于广大工人和农民来说，都比副业具有更加重大的意义。

在改革开放时期，农村信用社的改革又何尝不是为了克服短期的经

① 刘芝仪：《用总路线的精神检查我的农村金融工作》，载《中国金融》1954 年。

济主义呢？我国农村金融分为“吃饭金融”和“投资金融”。根据张元红的研究，中国东部、中部、西部“农户”民间信用特征是：各地民间借款目的基本都以生活性用途为主，生产性用途为辅；各地都以血缘纽带为借款主渠道（东部地区朋友关系也发挥了较大作用）；各地均以本地本村为借款主要来源地（西部地区尤其局限于本地）；各地均以无息借款为主（西部有息比例偏高）；在付息借款中，利息水平呈现东高西低的态势；借款到期未还比例超过 10%，西部地区更高（17.01%）。[①] 在这几个特征之中，“吃饭”还是“投资”显然是一个最为核心的内容。

大概正是因为这个“吃饭”和“投资”的问题，农村金融部门的问题比城市金融更加突出，导致农村金融机构的信息成本、交易成本显著高于城市金融，农村金融市场的潜在效益必然低于城市金融。这种低效性与农村经济特别是农业经济的高风险性相关，和农村经济微观实体的经营规模有必然的联系，与监督成本和惩罚违约成本有必然联系。根据周霆等人 2003 年的调查，农业贷款实际上有较高的收回率，平均为 80.1%。在 30 家农村信用合作社中，最低贷款额平均不足 300 元，最高贷款额平均不超过 230 万元，平均每笔贷款额只有 7000 元。进入法律程序的信贷契约纠纷有 70%左右，农村社会的法律供给存在较大差距。判决后能及时执行的信贷契约纠纷仅仅只有 20%，执行后可以收回的贷款不足 70%。因此有学者认为，农村金融体制不能在现有制度供给条件下以引导竞争为目标，应实行以制度变迁为导向的改革。盲目引导农村金融的竞争性，只能引发农村金融的恶性竞争。农村金融不是因为

---

① 张元红等：《农村金融转型与创新——关于合作基金会的思考》，北京：社会科学文献出版社 2007 年版，第 76-79 页。

供给不足存在金融抑制，而是制度抑制导致有效需求不足。因此，应该通过制度供给增加有效需求，依赖于土地制度变迁从根本上改变市场低效。①

“吃饭”还是“投资”确实是农村金融的一个重要问题。农户民间借贷的用途，主要是用于生活性需要，其中盖房需求居第一位，其次是上学和看病；生产投资性需求较少。农村金融市场的特征是人口密度低、市场隔离、风险高、季节性因素导致的高交易成本、缺少传统的抵押品、收入波动较大、分散风险的机会有限。这通常使以利润为导向的金融机构望而却步。农地金融制度服务的主要对象是农业生产者，包括农户和农业企业。农地产权制度变革、安排的目标在于减少和消除无地少地农民。根据调查，2010 年农村居民人均纯收入为 5919 元，年收入 3000 元以下的为贫困农户，3000～8000 元为维持型农户，8000 元以上为市场型农户。②

农村信用合作社是一种人合组织，而非资合主体。人的因素是信用社的基础构造。这就决定了信用社资格的专属性。社员资格并不因为财产继承或者受让而发生自动转换。普通入社是信用社社员资格取得的唯一方式。社员资格的丧失主要有法定出社（分为社员资格丧失、死亡、除名）、章定出社和自由出社（包括预告退社和转让退社）。我国信用社并未就社员资格的丧失、死亡或者解散与除名等法定社员出社事由做出规定。特别是在社员除名方面，我国信用社的立法有待完善。由此可见，以信用社为主力的农村金融必然得摒弃那种短期的纯经济至上的信贷观念。

---

① 周霆、邓焕民：《中国农村金融制度创新论——基于“三农”视角的分析》，北京：中国财政经济出版社 2005 年版，第 246、255 页。

② 邹新阳：《农地金融制度构建研究》，北京：科学出版社 2015 年版，第 40 页。

当然，摒弃经济至上的信贷观念，同时也要在农村信用合作社改革上做到真正向合作制的回归。我国《企业职工奖惩条例》仅就职工旷工做出除名规定，《农村信用合作社管理规定》第三条规定“农村信用社职工应当是农村信用社社员”。预告出社是指社员在退社前的规定期限内向信用社提出退社请求，并于年度业务终结时发生退社法律效力的行为，这是社员出社自由的体现。转让出社是指社员经信用社同意，让与其所有社股的行为。我国《农村信用合作社管理规定》第十九条规定：“农村信用社社员，经本社理事会同意后，可以退股。年底财务决算之前退股的，不支付当年股息红利。”因为退股并不一定导致退社，如部分退股或者通过约定不退社而退股，所以说，该规定并未对退股与退社进行区分，也未对退社做出规定。无论预告出社还是转让出社，皆出于社员意思自治，并不意味着社员可以随意退出信用社。无论退股还是退社，都明确了社员的权利和义务，只有做好信用社的改革，才能真正担当农村信贷主力军的角色。

另外，农村合作基金会也反映了农村信用合作中一些经济至上的思想。当基金会作为一个有活力的新事物出现的时候，各方都支持它的发展。这种支持既包括基金会的资金发展状况，也包括这种支持的目的是希望基金会能够尽快为农村经济服务。所以，在基金会发展的第一阶段的 1992 年，全国乡镇级基金会很快达到了 1.74 万个，村级达到了 11.25 万个，分别占全国乡镇、村总数的 36.7%和 15.4%。年末筹集资金 164.9 亿元，四川、江苏均超过 20 亿元，河北、山东也接近 20 亿元。① 到了第二阶段，基金会发展更是迅猛，其中个人股金发展尤其迅速。到 1994 年年底，四川 J 县农产股金占基金会股金总额由 1992 年的

① 温铁军：《农村合作基金会的兴衰》，中经网，2001 年 6 月 7 日。

9.9%上升到 70.3%，且个人股金利息高于集体股金利息，突破了同股同利的原则。随后的贷款对象也开始以乡镇企业为主，基金会的集资和贷款利率比国家法定利率高 30%~50%，基金会开始偏离初衷。但是，存款利率高吸收存款，贷款利率高却赢得了市场份额，说明农村金融供不应求。所以，到了第三阶段，基金会的不良资产迅速增长。如果不是追求经济至上，基金会完全可以争取更多的时间来消化各种存在的问题。

第三节　短期失信与高利贷的影响

前述伦理风险中农民的行为一旦被贷款方发现便会被认定为一种失信行为。根据张元红的一项调查，在 1375 个借入户中，184 户出现过到期未还现象；953 个借出户，有 105 户逾期未还。对于未还贷款，贷款方的 38.43%选择什么也不做，45.99%选择上门催促，7.72%选择请亲朋帮忙讨要，4.84%选择找担保人讨要，0.3%选择找村干部帮忙，0.45%选择打官司，0.15%选择找厉害的人帮忙要。184 户贷款要不回来的原因：没有合同不认账者有 31 户；天灾人祸者有 71 户；举家外出者有 26 户；主动放弃者有 37 户；认账但不还者有 19 户。① 民间借贷到期未还者比例虽然也不低，但与正规金融贷款到期未还的比例相比，问题并不严重；到期未还者中不认账的比例与其他原因的比例相比还是很低的；借出户未选择进一步行动的比例很高和没有合同比例很高一样，都是原来农村民间借贷的一个基本特征。随着经济活动的逐渐规范，这

① 张元红等：《中国农村民间金融研究——信用、利率与市场均衡》，北京：社会科学文献出版社 2012 年版，第 149 页。

些问题都可以逐渐解决。

民间借贷实际上也存在相应的信用约束机制，但大多采用了非正规制度的方式。具体而言主要是，契约约束少，较多利用血缘、亲缘、地缘和社区关系，传统习俗和道德规范存在无形影响，较少利用抵押品和担保人的压力。民间借贷的信用约束虽然比契约信用弱，其他约束方式的力量虽然也比契约约束小但却更加持久。因此，民间借贷的短期失信行为虽然存在，但却会很快被其他各种因素的作用弥补。再加上民间借贷的信息不对称时间很短，当信用恢复后，这个失信便会失去。虽然从负面看，农村信用合作社作为一种企业法人，往往成为个人或组织谋求利益、限制市场竞争的手段。但如果再从正面看，信用社有别于市场，具有非营利性；有别于政府，具有民间性。因而在信用社追求社员利益的最大化时，可有效解决市场与政府的双失灵问题。所以，只要法律对其经营行为进行严格限制，以端正其行为趋向，便可实现其制度价值。

高利贷者或职业放贷人主要是指专门从事民间放贷、以获利为目的的自然人。新中国成立以来，高利贷一直都是政府极力抑制和打击的对象。根据河北省定县 1953 年 8 月下旬的调查，有农村信用合作社的阜头村、陈营村，私人借贷利率为 2 分左右；没有信用社的怀德营、窑房头，高利贷的利率达 8 分。昌黎县上庄，在建立信用社之前，放债者 45 户，资本 5000 元，利率达 10 分。山西省赤社信用社建立之前，该村有 26 户放贷，共放出粮食 124 石，仅两个月，就收获高利达 60 石零 7 斗。[①] 改革开放之后，民间借贷再次活跃起来。根据温铁军等对我国东部、中部、西部 15 省 24 县市的村庄调查，发现民间借贷的发生率达到

① 路建祥：《新中国信用合作社发展简史》，北京：农业出版社 1981 年版，第 7 页。

了85%，其中高利贷发生率也达到了85%。① 根据曹力群的调查，民间放贷的利率一般为年利率20%～30%；根据中央电视台2005年9月16日的报道，甘肃岷县一个乞丐村，人们拿乞讨来的钱放高利贷，年利率达60%。②

从学者们研究的总体上看，民间金融在最近这些年出现了十分明显的变化，其中最明显的是借贷目的的变化。就以个人为主体的借贷来看，一是从无息的借贷转向有息借贷；二是职业放贷人规模越来越大；三是通过中间人发生的借贷越来越多。就以组织为主体的借贷来看，一是互助会以互助为目的转向以获得高利为目的；二是钱庄从提供生产性融资为主转向投机性融资；三是企业集资从阶段短缺为主转向类似传销为主。民间借贷本身就有一种非正规和隐蔽性的特征；高利率借贷对正规金融形成了挑战；而高利贷更是在各个方面扰乱了社会经济秩序。因此，它也是目前国家和政府一直着力打击的对象。

高利率的产生有多种原因，张元红认为，具体原因主要有金融抑制、风险补偿、垄断和市场分割、利润分享、单位交易成本较高、文化的影响、利率弹性小（商品的不可替代、生活必需品、利息支出占总收入比重小、市场饱和度低、由于急需导致观察期短）等。③ 理论上讲，高利率应该以高息借贷产生的社会效应为标准。因为赌博、非法集资等高息借贷的社会负面影响较大，即便其利率是一种内生性的市场化利率，也应该受到法律的制止；一些生产和生活应急贷款，尽管利率较

① 温铁军：《中国农村基本经济制度研究："三农"问题的世纪反思》，北京：中国经济出版社2000年版，第87页。

② 张元红等：《中国农村民间金融研究——信用、利率与市场均衡》，北京：社会科学文献出版社2012年版，第22-23页。

③ 张元红等：《中国农村民间金融研究——信用、利率与市场均衡》，北京：社会科学文献出版社2012年版，第93-97页。

高，但却会产生正向的社会效应，这种情况则需要在法律上慎重对待。因此，高息借贷应该是一个相对的概念，如果借款人在借款之后从事经济活动，在偿还贷款本金和利息之后，有足够的经济回报，那么这样的贷款利率更接近于内生性的市场化利率，可以理解为是局部金融市场资本稀缺程度和资金价格的真实反映。

2003 年底，海南海口市某项目 A 为沿街铺面。符某预计投资 1000 万元，10 个月纯利润为 100 万元。但第九个月时建材价格上涨，需追加投资 100 万元，他接受了 3 分息的民间借贷。项目完成后，仍获得 100 万元项目利润，归还 3 万元利息后，纯利润 97 万元。① 所以，张晓山、何安耐、谢平、成思危、曹力群等认为，政府应当采取宽容的态度，允许互助和其他小规模民间金融活动的存在，制定有关法律，规范参与各方的权利和义务，“需求创造供给”，一味地“取缔、整顿”不是办法。②

总之，民间金融的消极性主要表现在高息揽存扰乱国家正常的存款秩序，高利贷危害社会安定，违规操作造成国家金融体系不稳定，甚至引发金融危机。另外，与高利率贷款（包括高利贷）相伴的是利用企业集资名义进行诈骗等现象。20 世纪 90 年代，辽宁查获的几起非法集资和金融诈骗案总金额达 70 余亿元；沈阳地区除万象外还有新源、蚁康、华兴苏英奇金融诈骗等，总金额近 25 亿元。其他如 1993 年北京沈太福案、1994 年无锡邓斌案、2004 年山西璞真集团案、2006 年的亿霖木业集团案等，都是轰动一时的重大企业诈骗案。这对中国农村经济和

① 陈经伟：《小企业民间借贷行为与制度安排：基于案例的模型分析》，载《财贸经济》2005 年第 10 期。

② 张元红等：《中国农村民间金融研究——信用、利率与市场均衡》，北京：社会科学文献出版社 2012 年版，第 171-172 页。

中小企业的发展造成了十分严重的不利影响。1998 年 7 月 13 日，国务院发布了《非法金融机构和非法金融业务活动取缔办法》；8 月 11 日，国务院又颁发了《转发中国人民银行整顿乱集资乱批设金融机构和乱办金融业务实施方案的通知》，对高利贷、非法集资、金融诈骗进行了严厉打击。

第七章

当代中国农村信用合作的作用与前景

无论如何，中国的农村信用合作事业经历了近百年的风风雨雨，也在中国共产党的领导下经历了一次又一次的变革。无论这段历程中存在多少争议，都不能改变它曾经固有的那种民族、国家情怀，也不能改变它为农村、农民和农业服务的初衷。学者们经常讨论的农村信用合作的基本原则，首先是建立在英国和德国实践罗虚戴尔原则和雷发巽原则这个纯经济合作基础之上的；他们对中国农村信用合作社本质和作用的评价，大都没有重视中国农村信用合作创建的历史背景。通过联系中国信用合作事业在近百年中国历史中的发展来对其作用进行一种历史性（而非纯经济视角）的评价，并以历史的视角展望农村信用合作事业的前景，将是十分有意义的。

第一节　借助国家力量推动经济的发展

因为不同于国外农村信用合作自然发展的历史过程，中国农村信用合作的历史从一开始就是和民族、国家的命运联系在一起的。它首先是在近代中国农村经济受到外来资本入侵后极端衰败的情况下，作为一种挽救中国农村经济，进而挽救民族和国家危亡的一种思潮，被中国先进的知识分子于 20 世纪初期引入中国的。它是当时中国先进知识分子引进的各种救国思潮中的一种。正因为如此，我们可以说，中国农村信用合作从一开始就有一种不同于西方农村信用合作的基因。也正因为如此，它从一开始就更多地受到了知识分子和政治力量的关注。

无论是孙中山的信用合作思想、华洋义赈会的信用合作实践，还是中国共产党在旧中国时期的农村信用合作社对农村和农民的争夺，都是拯救中国农村经济，进而为中国命运的改变提供前提和基础的一种反映。农村信用合作社创建和发展的主要动力来自农村、农民之外的各种组织、团体和政治力量，而非来自农村和农民本身。这种外生性的特征自然会使得旧中国农村信用合作社的命运在很大程度上取决于外部环境的变化。中国共产党在苏区、边区和解放区的农村信用合作实践更带有一种关怀农民的情怀。

新中国成立后，中国共产党有了执政权力来贯彻其对于农民的情怀，在政权保障上符合列宁所说的社会主义农村信用合作的重要特点，同时，对于农民的情怀又只有中国共产党才会那么强烈。这样新中国的农村信用合作既有国家和政府力量的强力支持，又有对于农民、农业和农村的高度重视，这种高度重视又由于国家政治大环境的变化而逐渐进一步加强。从最初的农民怕存款（因为存款会露富）到后来农村信用社怕贷款（利息即剥削），以及自始至终对民间高利率借贷（特别是高利贷）的严厉打击。这些情况和措施在经济活力方面抑制了信用社的发展，导致农村信用合作社长期对于“营利目的”和“盈利手段”的定位不够明确。最终使得农村信用合作社在国家和政府输血、“三农”实质得利以及合作社员工从中受惠之间挣扎。

无论如何，新中国的农村信用合作在国家和政府力量的不断推动下，发挥了推动中国农村经济发展的特殊作用。尽管由于新中国走过的道路充满曲折而导致农村信用合作也几次偏离支持农村经济发展的方向，但支持农村经济发展的作用总体上还是得到了发挥。这是由几十年中国整体经济发展和农村经济发展在整体经济发展中的表现所证明的。新中国成立初期，农村信用合作社对农民生产、生活上的资金支持，为农村经济的恢复和进入正常发展轨道提供了切实保证。之后农村信用合作体系的建立以及20多年的发展，让遍布全国的农村经济得到了普遍的资金支持，也让农民初步建立了信用合作的概念和意识。改革开放之后，信用社和其他农村信用合作组织更是为农村经济的再次复兴和发展发挥了其他金融组织难以替代的作用。正是因为信用社在经济社会中发挥着重大作用，为了更好地发挥其作用，国家才根据不同历史时期的具体情况，不断深入推进信用社改革。信用社的改革核心就在于在有效构建健全完善的农村信用合作体制机制的基础上，更有效地发挥信用社的作用。从当时所处的历史阶段和认知能力来看，信用社改革总体遵循了不断健全完善体制机制以及更有效地发挥农村信用社作用的路径。

前述所说的更具信用合作特征的农村合作基金会在改革开放后所发挥的作用更是有目共睹。从基金会产生的背景看，农业生产体制改革和农村金融体制改革出现了序差，获得地方经济发展自主权的地方政府在改革中没有金融自主权，就渴望在既有的国家金融体系之外，寻找和建立一个能够由地方政府支配的金融组织，与家庭承包经营责任制和发展地方经济相配套，推动地方经济发展。1992年，在邓小平南方谈话的推动下，中国经济又一次出现了投资推动型的强劲增长浪潮。基金会的建立，使乡镇政府获得了一次难得的社区经济发展良机，乡镇政府通过它实现了为乡镇经济发展（主要是非农产业发展）服务的目的。[①]

根据J县S镇和M镇调查，农村合作基金会的资金来源主要包括基本股金（包括集体原有积累资金、村组当年提留公积金、集体可支配收入、当年分配提留积累、土地征用补偿费、集体应收回外单位和社员欠缴款）和代管资金（集体提留和乡统筹费未支用部分、村组经营当年上缴承包收入、村组当年其他收入、乡镇企业以工补农资金、镇级有关部门委托代管资金、国家扶持村组的其他资金）两部分。[②] 资金的来源决定资金的用途，基金会成立初期对农业生产和农民生活的支持做得比较好，在其发展的过程中也对农村非农产业发展提供了强力的支持。同时，它还在农村信用合作社之外建立了一种让农民比较信任的融资途径。

根据张元红等人的调查，四川省S镇6户农民一致认为农村合作基金会的这种支持作用很大。L村的1号农户在S镇街上从事商业经营，1997年急需流动资金，以1.9分的利息，通过乡镇干部的介绍和担保，向基金会贷款6000元。2号农户是个体工业老板，1998年因资金不足，找到在乡镇政府任职的朋友担保（本人有存款10000元），从基金会贷款5000元。2号借款人自己申请并填写贷款申请书，村长加盖公章，担保人在贷款申请和担保合同上签字，然后贷款人到基金会贷款，半个小时就拿到了钱。3号贷款人从事农业生产，2000年人均收入只有4000元，贷款用于购买种子和化肥。他找了乡镇政府干部，获得3000元贷款。由于当年农业生产效益不好，先偿还利息，第二年偿还本金。1995年6—7月，S镇基金会两次向镇办丝绸厂贷款17万元，保证了该

① 张元红等：《农村金融转型与创新——关于合作基金会的思考》，北京：社会科学文献出版社2007年版，第81-82页。

② 张元红等：《农村金融转型与创新——关于合作基金会的思考》，北京：社会科学文献出版社2007年版，第83页。

厂的如期开工和开工后的生产。截至 1999 年 3 月底，S 镇基金会以各种形式向全镇工业注资超过 80 万元，有力支持了全镇 9 家工业企业的创办。2000 年，9 家工业企业创利税 360 万元，镇财政收入 60 万元，成为 J 县 26 个乡镇中的少数财政上缴乡镇之一。1992 年 J 县县、乡基金会共向乡镇企业放款 81824 万元，占当年放款总额的 40%。[①] 具体见表 7-1。

表 7-1　2000 年 S 镇 6 户被调查农民家庭经营简况和其对农村合作基金会的评价

农户	所在村庄	生产领域	人均收入	贷款额度	对基金会的评价
1	L 村	商业	9800 元	6000 元	贷款上比信用社好
2	JF 村	工业	10000 元	5000 元	贷款方便
3	F 村	农业	3000 元	3000 元	对农业生产支持力度大
4	F 村	农业	2500 元	1000 元	贷款手续简便
5	JS 村	农业	2200 元	500 元	对个体、私营经济支持力度大
6	S 镇	工业	20000 元	20000 元	贷款方便

第二节　借助民间力量互补农村金融市场

农村信用合作社本应是一种民间自发组织的信用合作机构，其在国外的出现也说明了信用社所具有的自愿、互助等基本特征。中国民间金融信用的产生在时间上要远远早于中国的正式金融，带有十分强烈的“草根”特征。其借贷关系一般嵌入社会网络和传统制度环境中，基于人缘、地缘、血缘和业缘的信任和了解，信息最充分、最对称。在具体操作上，它的借贷简单，一般不需抵押、担保和质押等。其贷

① 张元红等：《农村金融转型与创新——关于合作基金会的思考》，北京：社会科学文献出版社 2007 年版，第 83、85 页。

款往往是关联性借贷，重复放贷经常发生。借贷双方常常同时保持工作、商业交易或金融交易关系，双方的信用载体主要有资金作为依据、实物作为依据、“关系”作为依据或“金融总结人”作为依据等。①

可见，民间金融从其天性上来看本身就具有十分明显的“人合”特点，而这个特点也是学者批评中国信用社的一个重要方面。新中国的农村信用合作社创建于国家和政府力量的强力支持之下，是为了推动整个农村经济的恢复和发展。同时其不能完全抛弃或忽视的经济特别是金融特点（无论是“盈利”还是“营利”），由于民间借贷长期得不到官方认可，导致它与信用社虽然有着共同的目标却自始至终没有真正合作愉快，反而命运多舛。但无论如何，它还是通过民间力量充分发挥了互补农村金融市场的重大作用。

民间金融不仅弥补了正规金融由于体制性原因造成的农村金融市场供给缺失，而且在现实发展中与正规金融构成了互补关系。具体体现在：第一，市场（城市和农村）互补，正规金融的利率还没有完全实现市场化，民间金融的市场化运行程度要高于正规金融。第二，结构互补，大金融与小金融。第三，总量互补，正规资源向城市和工业倾斜，民间金融支持农村金融。第四，产品互补，生产性贷款与生活性贷款。当然，民间金融与正规金融也存在一定的竞争关系，这主要表现在存款业务和贷款业务的竞争上。越是市场经济发展比较充分的地区，越是经济发展比较快的地区，越是民营经济比较发达的地区，例如浙江的温州、台州地区这种竞争就越激烈。张元红认为，在贷款市场上，民间金

① 张元红等：《农村金融转型与创新——关于合作基金会的思考》，北京：社会科学文献出版社 2007 年版，第 53-54 页。

融的份额远超正规金融；在存款和货币资金理财市场上，正规金融远超民间金融；正规金融借贷条件相对严格、利率相对较高；正规金融贷款难的情况仍然存在；两者之间既有竞争也有互补。①

农村信用合作社和民间金融组织在支持企业集资、发展农村和县域经济方面发挥着重要的金融市场互补作用。调查表明，全国中小企业有1/3以上的融资来自非正规金融途径，在越不发达的地区，这种依赖性就越强。因为这种方式多限于企业内部职工和周边村民，借贷双方信息基本对称，利息等于或略高于银行存款利息。对于民间金融十分活跃的温州来说，企业集资的形式更加多样，其主要形式就有合股经营、职工投资、引入外地资金等；期限一般为1~3年，临时性集资多是“入股自愿，退股自由”；股息、红利大部分接近民间自由借贷，月息2%~3%，超过银行储蓄一倍以上。这些企业集资为农村企业的发展做出了巨大贡献，因为健康的企业集资都具有信息对称、利率不高于企业正常平均利润、期限较短、额度不超过企业正常资金需求等特点，这种民间金融方式还是比较健康的。但是，有些企业集资偏离了上述4个特点，特别是跨地区集资往往可能演变成集资诈骗。具体如建湖县某纺织企业集团的集资案、河北大午集团的集资案等。这种副作用虽然时不时地爆发一下，但并不能因此否定民间金融的重要作用。

其实，如果正确地引导民间金融在农村经济和社会发展中的积极因素，将会在支持农村居民的生产和生活、降低农户信贷的交易成本、打破垄断和优化资源配置、扩大民营企业的融资渠道、活跃金融市场和加强金融市场竞争、抑制民间高利贷活动等方面，更好地发挥其正面作

① 张元红等：《农村金融转型与创新——关于合作基金会的思考》，北京：社会科学文献出版社2007年版，第199-200页。

用。这也是金融市场和金融体制进一步健全、发展的需要。调查显示，非正规金融的高利率本身并没有引起农户与贷款人的利益纠纷。农户在出现短时间资金流动性困难时，往往采用“借新还旧”的方式调整债务偿还期限，没有发现低收入的债务人对非正规金融有负面评价，更没有发生债务人受到威胁的情况。说明非正规金融期限结构和还款方式的灵活性可满足农民的需求。[①]

对于农村合作基金会而言，这种互补金融市场的正向作用则表现得更加明显。因为基金会首先是集体资金管理，这是基金会的立足之本。1990—1994 年，全国农村合作基金会回收占欠的集体资金达到 35.6 亿元。[②] 其次，它为“三农”提供了强大的资金支持。1991 年全国农村合作基金会投放于农业生产的资金相当于中央财政用于农业支出的两倍；1990—1993 年，全国农村合作基金会投放于农业生产的资金约 241 亿元，投放乡镇企业的资金约 308 亿元，投放农业社会化服务的资金约 41 亿元，分别占投放总量的 39.3%、50.3% 和 6.7%。[③] 再次，它有效抑制了民间高利贷的发展，而且基金会发展越充分地区，民间借贷利率的下降幅度就越明显。最后，它还促进了农村信用合作社的改革。基金会与信用社公开竞争性关系的建立，促使信用社在可能的条件下转换经营机制，改善金融服务。[④]

---

① 刘玲玲、杨思群等：《中国农村金融发展研究》，北京：清华大学出版社 2007 年版，第 36 页。

② 杨绍品、王正谱：《坚持正确办会方向，加强规范化管理，促进农村合作基金会健康发展》，载《农村合作经济经营管理》1996 年第 1 期。

③ 秦庆武：《农村新型合作经济组织探析》，载《理论学刊》1999 年第 1 期。

④ 郭晓鸣、赵昌文：《以农民合作的名义——1986—1999 四川省农村合作基金会存亡里程》，香港中文大学香港亚太研究所 2000 年版。

第三节　克服金融信息不对称和道德风险

社会的整体信用水平不可能随市场经济的发展而自然提高，为此需要建立起规范、统一的社会信用体系，以此来维护社会的良好信用。中央从宏观上明确提出，要“建立健全社会信用体系，形成以道德为支撑、产权为基础、法律为保障的社会信用制度”，这是“建设现代市场体系的必要条件，也是规范市场经济秩序的治本之策”。同时，“增强全社会的信用意识，政府、企事业单位和个人都要把诚实守信作为基本行为准则”。[①] 这里所要解决的金融信用问题其实主要是金融道德风险，而金融道德风险多由金融信息的不对称而来。

民间借贷与正规金融的很多交易条件不大相同。民间借贷的利率一般高于正规金融 3～5 倍。与正规金融相比，民间借贷较少对贷款用途进行关注（2006 年 393 个样本中，关心者仅占 36%），较少对资金使用期限进行约定（没有期限的占 87%），较少利用书面合同进行约定（没有合同的占 88%），也较少具有非利率补偿措施（有补偿的占 5%）等。[②] 从信贷的过程环节来说，金融信息的不对称是金融风险的总根源。民间借贷能够克服金融信息不对称和道德风险。

正规金融机构和民间信贷组织在金融信息方面存在着一个明显的区别。前者主要经营较大规模的信贷业务，为公认风险可认知的企业服务，以少数大规模信贷来抵消金融信息不对称的风险。后者主要面对的

---

① 中共中央：《关于完善社会主义市场经济体制若干问题的决定》，载《人民日报》2003 年 10 月 22 日。

② 张元红等：《中国农村民间金融研究——信用、利率与市场均衡》，北京：社会科学文献出版社 2012 年版，第 138-140 页。

是小微信贷业务，它可以利用与服务对象的近距离优势，降低获取金融信息的成本，同时克服金融信息不对称的风险。正规金融机构以服务大众来实现自己的利润，民间借贷在实现利润的同时满足了借款难度大的借款人的需求。农村信用合作本身具有更多的民间借贷特征，也能更好地克服金融信息的不对称风险。因此，人们普遍认可农村民间信用在一定程度上能够更好地解决信息不对称和道德风险等问题。①

民间借贷和农村信用合作能够解决信息不对称的问题，具体原因主要有下面几点。首先，它主要进行的是个人互助性借贷。据 2003 年全国农村固定观察点的数据，农户户均无息借款占户均总借款的 38.3%，占户均民间借款的 53.3%，东部、中部、西部地区分别为 34.5%、53.0%、27.1%和 44.1%、70.3%、47.1%。户均有息借款占民间借款的 46.7%，东部、中部、西部地区分别为 55.9%、29.7%和 52.9%。根据张元红等人的调查，这种情况也是属实的。在 521 户仍负担民间借贷债务的农户中，通过入会取得借款者有 18 户，在 536 户拥有民间借贷债券的农户中，通过组“会”放款者有 70 户。在 1375 个曾经借入资金的农户中，最近一次借入资金的只有 110 户经过第三人；在 953 个曾经借出资金的农户中，最近一次借出资金的只有 60 户经过第三人。② 既然农户民间借贷大多是个人之间的直接借贷，贷款人和借款人一般是十分熟悉的，他们几乎没有信息不对称的风险。如果说存在信用违约的问题，则主要是由借款人的个人道德和贷款人的面子造成的。

其次，农户民间借贷还有很强的互助性。农户借贷主要在家庭成

---

① 张元红等：《中国农村民间金融研究——信用、利率与市场均衡》，北京：社会科学文献出版社 2012 年版，第 3 页。

② 张元红等：《中国农村民间金融研究——信用、利率与市场均衡》，北京：社会科学文献出版社 2012 年版，第 21、29-30 页。

员、亲戚、朋友之间进行。在张元红等调查的1375个借入样本中，49.1%来自兄弟姐妹，16.6%来自其他近亲，12.3%来自亲密朋友，7.9%来自父母子女，4.3%来自邻居，1%来自同学，来自专业放款人的为2.3%，其他不熟悉的占0.5%。农户借贷额度小、求人多。平均每户向2.8人借入了资金，户均借入5148.6元，向每个借款人借入1838.8元；平均每户向1.7人借出了资金，户均借出2828.6元，向每个借款人借出1663.9元。其中以无息借款为主，有利息者也不高，或以帮忙替代利息。在最近的1375个样本中，只有208个明确付息，平均名义利率只有1.6%，远低于银行贷款的6%~9%，帮忙回报者占6.3%。在1375个样本中，只有9个的名义利息高于银行贷款利率4倍以上。[①] 熟人互助性的贷款在很大程度上克服了信息不对称的风险，这是其存在的合理性。

最后，从地缘上来看，民间金融的市场半径（地理空间圈）较小。民间借贷主要发生在本乡本村（本村占62.2%，本乡外村占22.7%），空间距离很小（47.7%在一公里以内），借贷双方存在明显的血缘关系（发生借贷的，兄弟姐妹占49%，父母子女占8%，三代以内亲戚占17%；选择兄弟姐妹的占50.6%，父母子女的占20.5%，三代以内亲戚占6.8%）。[②] 较小的服务半径，再加上传统上的农村一般婚姻半径也较小，两者相结合形成了一个熟人社会，使得民间借贷基本上都是熟人借贷，信息不对称的风险自然要比正规金融低得多。

其实，这种情况并不仅仅存在于中国社会，还广泛存在于世界上的

---

① 张元红等：《中国农村民间金融研究——信用、利率与市场均衡》，北京：社会科学文献出版社2012年版，第30-31页。

② 张元红等：《中国农村民间金融研究——信用、利率与市场均衡》，北京：社会科学文献出版社2012年版，第130-135页。

各个国家。根据世界知名研究，发展中国家个人贷款人可能是朋友或亲属。这类关系有两个特点：一是贷款人和借款人之间的关系远不是标准理论中的匿名关系，通常是长期关系，有时还受到地方法规的约束和机构的管理以确保合同的执行；二是这类非正式关系尽管更为普遍，但经常也很匮乏，仅能到少数人手中。[①] 由于逆向选择问题，贷款人一般不会将贷款提供给他们老客户以外的客户。新客户需要由有着良好信誉的老客户来介绍，并在开始时以小额贷款作“试探”。借贷关系的基础是亲属或血缘关系。在这些群体内部，信息是相对公开的，合同执行的手段是令人敬畏的，包括道德告诫、舆论公开批评乃至社会排挤等。乌代通过研究尼日利亚北部 4 个村庄认为，合同是随着合同双方和村里权威人士所能观察到的随机冲击而变化的，与其说是权益投资，不如说是真正的风险分担安排。信贷通常与其他市场上的交易联系起来，以克服信息不对称和执行问题。[②]

一般情况下，契约是信用机制的基础，信息透明和平等交换是信用机制产生的条件和原则，法律和市场是信用机制实现的重要途径和手段。但是，非正规金融信用机制的实现方式主要是契约压力、血缘和亲缘关系压力、地缘和社区关系压力、抵押品与担保人压力等。民间金融的信贷担保方式在很大程度上体现了乡村文化、社会和民间金融发展的特点。农民的面子在整体上比金钱重要，这也是决定农村民间借贷金融信息更为透明的重要原因。民间信用随着文化变迁而产生

① ［美］纽曼、米尔盖特：《新帕尔格雷夫货币金融大辞典》第 1 卷，北京：经济科学出版社 2000 年版，第 517 页。

② 张元红等：《中国农村民间金融研究——信用、利率与市场均衡》，北京：社会科学文献出版社 2012 年版，第 16–17 页。

和发展，所受影响至深。[①]

总之，民间金融利率与借贷额度有着正相关的关系，贷款的用途主要是生产性开支，借贷双方主要是业缘关系和血缘关系，利率一般与正规金融利率有一定关系。这不仅说明利率在农户民间借贷市场均衡中仍然能发挥一定的作用，而且在某种程度上说明了正规金融与非正规金融的区别主要在于对服务对象和信贷方式的选择上。当然，对于同样的经济冒险，人们实际上拥有不同的信息、持有不同的观点。

第四节　中国农村信用合作的希望

随着农村信用合作社改革的结束，新中国成立初期建立的信用社基本上结束了自己的历史使命，绝大多数已经改制为一种股份制的商业银行。这似乎是对学术界多年来一直争论的信用社并非真正的金融合作组织的一种交代，也似乎是对“中国即使有搞合作金融的条件，也只能是另起炉灶”[②] 等论点的一种证明。

其实，农村信用合作社本身不是目的，其目的是通过合作服务于信用社社员的其他经济活动。因此，不要以信用社本身的规模大小、是否盈利来评价信用社经营状况的好坏等。信用社之所以存在，最主要原因就在于它既利用了其成员固有的当地信息源和信任资本，又利用了自我雇佣的优势，因而可以降低信息、监督和执行等交易费用，给社员带来更多的利益。同企业相比，现实中信用社的制度安排会造成更大的“偷

① 江曙霞等：《中国民间信用——社会、文化背景探析》，北京：中国财政经济出版社2004年版，第78页。

② 周脉伏：《农村信用社制度变迁与创新》，北京：中国金融出版社2006年版，第7页。

懒”、低效率，同时要耗费更多的交易费用。它们或者只能停留在小企业的规模上，或者归于破产，或者转化为企业。信用社、商业银行、股份制等的本质规定了它们的发展空间，只要合作制确实在现实中发挥了促进农村经济发展的作用，其历史贡献就是值得肯定的，其合作制的性质也是在一定程度上存在的。

在不断的改革过程中，农村信用合作社、农村合作基金会的发展方向只有两个可供选择，那就是合作化或者商业化。从章程和主要任务看，它们是一个合作性质很强的组织，其对农业生产和农民生活所给予的资金支持，得到了农民肯定。J县S镇6户曾经与基金会发生过资金借贷关系的农民一致认为，基金会对农民生活和农业生产的支持作用很大。具体来说是贷款手续简便（当天即可拿到贷款）、大力支持私营经济的发展（S镇基金会的农户贷款占农户总贷款的60%，信用社占40%）。[①] 基金会关闭后，农民对信用社的短期不信任，导致大量存款转存到国有金融机构，但是这不等于说合作金融没有市场。例如，2001年以来，信用社的无抵押小额信用贷款就受到了欢迎。即使是商业化金融很发达的国家，合作金融仍然是金融体系的一部分，有存在的市场空间和发展余地，有着其他金融组织不能取代的特殊地位。

商业化虽然也是农村金融发展的重要基础。例如，农民并非无力承受商业化金融的利息，农户不仅能承受，而且还款率甚至可以达到90%以上，大大超过农村非农企业。但是，农村金融商业化的服务成本较高，无论合作金融和商业金融共存是否能够成为农村金融未来的发展方向，农村信用合作社和民间借贷组织必须明确自己的基本定位。否则，

① 张元红等：《农村金融转型与创新——关于合作基金会的思考》，北京：社会科学文献出版社2007年版，第35页。

即使成立新的农村信用合作机构，仍然会有十分纠结的命运。

对于中国农村金融的整体前景，我们无法给出确定的答案，但是仍然可以确定两个基本的事实。第一，中国农村十分广大，经济情况复杂，中国农村金融需求必然具有分散化、多样化的特点，那么，其市场格局则必然是多元化而非单一化的。在农村金融供给缺乏竞争和激励的情况下，农业银行基本撤销了乡以下的业务网点，农村信用合作社多分布在乡镇政府所在地，广大乡村没有网点。第二，空间距离影响着心理距离，金融机构缺乏了解农民需求、积极提供金融服务的主动性。

但是，农村金融的供给与需求之间存在明显缺口，农村金融的改革与发展要面向多元化的市场，传统农业融资论认为农民的没有储蓄能力的观念也在改变。未来的改革思路应该换个角度，放弃政府对金融机构的具体组织和参与，将重点放在规范和鼓励发育金融市场方面。但无论如何，在农村地区，需要形成多样化的、主动创新的、开放竞争的金融市场。

已经结束历史使命的农村合作基金会遭到清理整顿是必要的，但它曾经的存在也有着十分积极的一面。模糊的集体产权更易受到侵害；基金会的关闭缓和了农村金融市场的竞争；清理基金会对合作金融的信誉造成了不良影响和农村资金的外流；清理基金会对农村信用合作社选成了多方面的影响；关闭基金会受影响最大的是农村乡镇企业；未来农村金融市场仍然需要合作金融和商业金融。但是，如果从反面进行思考，避免遭到清理整顿就是基金会发挥积极作用的动力。

与中国农村信用合作事业的历史一样，中国农村信用合作事业的前景必然要受到中国整体制度环境的影响。“中国的制度结构相对于西方国家的三重结构而言是十分独特的，可以概括为：发达而富有控制力的上层结构，流动性强且分散化的下层结构，但在上下两层结构之间却缺乏严密有效且富于协调功能的中间结构”。“由于在二重结构中，国家注定掌握着最大份额的资源，因此，经济增长更多依赖国家的推动。国家的投资推动与经济增长之间的高度正相关是二重结构演进的一个基本特征。”① 但是，中国与世界的交流融合也在加强，其中关于农村信用合作事业背景的相同点必然会越来越多。

民间借贷的需求仍然存在。我国相关法律关于动产抵押担保的规定（不仅不动产可以用于抵押，而且动产也可以用作抵押担保品，如原材料、半成品、存货、应收账款等）对于解决农村金融缺乏适当抵押品的困境提供了契机和新的渠道。另外，随着农村专业经济合作组织的发展，农村信用合作组织也将获得更多的规模化需求，再加上原有农村金融合作本身的信息对称性较高，农村信用合作事业也会越来越有希望。

《农民专业合作经济组织法（草案）》（简称《组织法（草案）》）的制定是一场及时雨，有力地推进了我国农民合作经济组织的发展壮大，从而加快了我国建设社会主义新农村的步伐。但是，《组织法（草案）》中并未提及农村信用合作组织或农村合作金融组织。农民依据自愿互助原则而组建属于自己的信用合作组织，如同组建任何其他合作经济组织一样，不仅是农民应该享有的一项合法权利，也是促进农村经济发展的重要保障。《组织法（草案）》应该对农民组建农村信用合作组织做出某些规定，允许某些符合条件的地区进行农民信用合作组织的试点。其实，依据《组织法（草案）》第一章第二条，农民

① 张杰：《中国金融制度的结构与变迁》，太原：山西经济出版社 1998 年版，第 2-4 页。

合作金融组织并未被完全排除在外，而应该是农民合作经济组织的一个天然组成部分。[①] 只要条件成熟，我国的农村信用合作事业必然会有大的发展，而且必然不同于以前的农村信用合作社，而是具有了真正的信用合作属性。

① 王曙光：《草根金融》，北京：中国发展出版社 2008 年版，第 46、49 页。

参 考 文 献

1. 著作类

［1］［俄］安德兰尼克·米格拉尼扬．俄罗斯现代化与公民社会［M］．徐葵等，译．北京：新华出版社，2003.

［2］［荷］赫米斯，伦辛克．金融发展与经济增长［M］．北京：经济科学出版社，2001.

［3］［美］奥尔森．集体行动的逻辑［M］．陈郁，译．上海：上海人民出版社，1995.

［4］［美］道格拉斯·G. 诺斯．制度、制度变迁与经济绩效［M］．刘守英，译．上海：上海三联书店，1993.

［5］［美］道格拉斯·G. 诺斯等．制度变革的经验研究［M］．罗仲伟，译．北京：经济科学出版社，2003.

［6］［美］道格拉斯·G. 诺斯，罗伯特·托马斯．西方世界的兴起［M］．厉以平，蔡磊，译．北京：华夏出版社，1999.

［7］［美］道格拉斯·G. 诺斯．经济史中的结构与变迁［M］．陈郁，罗华平等，译．上海：上海三联书店，1991.

［8］［美］曼昆．经济学原理［M］．梁小民，译．北京：北京大学出版社，1999.

［9］［美］雅荣，本杰明，皮普雷克．农村金融问题、设计和最佳

做法［M］. 中国农村金融研讨会阅读材料，2002.

［10］［印］阿玛蒂亚·森. 以自由看待发展［M］. 任赜，于真，译. 北京：中国人民大学出版社，2013.

［11］［印］阿玛蒂亚·森. 贫困与饥荒［M］. 王宇，王文玉，译. 北京：商务印书馆，2001.

［12］曹永正等. 走过黄土地：中国农村信用社合作大回眸［M］. 北京：中华工商联合出版社，1996.

［13］陈俭. 中国农村信用社研究（1951—2010）［M］. 北京：北京大学出版社，2016.

［14］陈晓军. 互益法人法律制度研究［M］. 北京：法律出版社，2007.

［15］程郁，王宾. 农村土地金融的制度与模式研究［M］. 北京：中国发展出版社，2015.

［16］丁开杰. 金融市场与金融体制改革［M］. 北京：中央编译出版社，2015.

［17］都本伟. 农村信用社法人治理研究［M］. 北京：中国金融出版社，2009.

［18］郭家万. 中国农村合作金融［M］. 北京：中国金融出版社，2006.

［19］郭沛. 农村非正规金融：内涵、利率、效率与规模［M］. 香港中文大学中国研究服务中心，2004.

［20］何安耐，胡必亮. 农村金融发展［M］. 北京：经济科学出版社，2000.

［21］何广文. 合作金融发展模式及运行机制研究［M］. 北京：中

国金融出版社，2001.

［22］何广文，李树生．农村金融学［M］．北京：中国金融出版社，2008.

［23］胡必亮等．农村金融与村庄发展［M］．北京：商务印书馆，2006.

［24］焦国成．中国社会信用体系建设的理论与实践［M］．北京：中国人民大学出版社，2009.

［25］李金铮．民国乡村借贷关系研究［M］．北京：人民出版社，2003.

［26］李树生．合作金融［M］．北京：中国经济出版社，2004.

［27］李新庚．中国信用制度建设干部培训读本［M］．北京：中央党校出版社，2002.

［28］李延敏．中国农户借贷行为研究［M］．北京：人民出版社，2010.

［29］林毅夫．制度、技术与中国农业发展［M］．上海：上海三联书店，上海人民出版社，1994.

［30］林毅夫等．中国的奇迹：发展战略与经济改革［M］．上海：上海三联书店，上海人民出版社，1999.

［31］刘建生等．明清晋商制度变迁研究［M］．太原：山西人民出版社，2005.

［32］刘玲玲等．中国农村金融发展研究［M］．北京：清华大学出版社，2007.

［33］刘社建．农村商业银行研究［M］．上海：上海社会科学院出版社，2012.

［34］刘文丽．农村信用社内部控制系统研究［M］．北京：中国农业大学出版社，2011.

［35］刘锡良．中国转型期农村金融体系研究［M］．北京：中国金融出版社，2006.

［36］刘勇．中国农村信用社制度变迁研究［M］．北京：中国财政经济出版社，2013.

［37］楼少华．探索的足迹：农村信用社改革发展的实践与思考［M］．杭州：杭州大学出版社，2003.

［38］卢汉川．学习苏联信用改革的经验［M］．北京：财政经济出版社，1956.

［39］卢汉川等．中国农村金融四十年［M］．北京：学苑出版社，1991.

［40］卢汉川．当代中国的信用合作事业［M］．北京：当代中国出版社，1998.

［41］卢良恕．中国农业发展理论与实践［M］．南京：江苏科学技术出版社，2006.

［42］卢现祥．西方新制度经济学［M］．北京：中国发展出版社，2003.

［43］路建祥．新中国信用合作社发展简史［M］．北京：农业出版社，1981.

［44］马跃进．合作社的法律属性研究［M］．北京：中国财政经济出版社，2008.

［45］马忠富．中国农村合作金融发展研究［M］．北京：中国金融出版社，2001.

［46］穆争社．农村信用社改革政策设计理念［M］．北京：中国金融出版社，2006.

［47］欧阳仁根等．合作社主体法律制度研究［M］．北京：人民出版社，2008.

［48］屈茂辉．合作社法律制度研究［M］．北京：中国工商出版社，2007.

［49］沙虎居．区域性民营银行的发展［M］．北京：社会科学文献出版社，2003.

［50］尚明．当代中国的金融事业［M］．北京：中国社会科学出版社，1989.

［51］尚明．新中国金融五十年［M］．北京：中国财政经济出版社，2000.

［52］宋宏谋．中国农村金融发展问题研究［M］．太原：山西经济出版社，2003.

［53］脱明忠等．再造信用社：农村信用社改革报告［M］．北京：法律出版社，2009.

［54］汪澄清．金融创新论［M］．北京：经济科学出版社，2003.

［55］王贵宸．中国农村经济改革新论［M］．北京：中国社会科学出版社，1998.

［56］王贵宸，陆学艺．农村经济典型调查［M］．北京：社会科学文献出版社，1989.

［57］王曙光．草根金融［M］．北京：中国发展出版社，2008.

［58］王曙光等．农村金融学［M］．北京：北京大学出版社，2008.

［59］王伟华．农村信用社领导艺术［M］．北京：中国金融出版

社，2006.

［60］王小芽．农村信用社概述［M］．北京：中国社会出版社，2006.

［61］吴强．农村金融改革与发展［M］．北京：中国财政经济出版社，2000.

［62］鲜祖德．中国农村经济调研报告［M］．北京：经济科学出版社，2003.

［63］谢志忠．农村金融理论与实践［M］．北京：北京大学出版社，2016.

［64］徐连金．农村信用社稽核［M］．北京：西南财经大学出版社，2000.

［65］徐唐龄．中国农村金融史略［M］．北京：中国金融出版社，1996.

［66］徐笑波等．中国农村金融的变革与发展［M］．北京：当代中国出版社，1994.

［67］杨喜明．农村信用社发展研究［M］．武汉：湖北科学技术出版社，2013.

［68］易宪容．金融市场与制度安排［M］．北京：经济科学出版社，1999.

［69］于海．中外农业金融制度比较研究［M］．北京：中国金融出版社，2003.

［70］岳志．现代合作金融制度研究［M］．北京：中国金融出版社，2002.

［71］张杰．中国金融制度的结构与变迁［M］．太原：山西经济出

版社，1998.

[72] 张杰．中国农村金融制度：结构、变迁与政策［M］．北京：中国人民大学出版社，2003.

[73] 张明亮等．信用社改革的理论与实践［M］．石家庄：河北人民出版社，1992.

[74] 张迎维．产权、政府与信誉［M］．北京：三联书店，2001.

[75] 张余文．中国农村金融发展问题研究［M］．北京：经济科学出版社，2005.

[76] 张元红．当代农村金融发展的理论与实践［M］．南昌：江西人民出版社，2002.

[77] 张元红等．农村金融转型与创新：关于合作基金会的思考［M］．北京：社会科学文献出版社，2007.

[78] 张元红等．中国农村民间金融研究：信用、利率与市场均衡［M］．北京：社会科学文献出版社，2012.

[79] 张则尧．比较合作社法［M］．北京：中国合作文化协社，1943.

[80] 郑景元．农村信用社法律问题研究［M］．北京：知识产权出版社，2011.

[81] 周脉伏．农村信用社制度变迁与创新［M］．北京：中国金融出版社，2006.

[82] 周霆，邓焕民．中国农村金融制度创新论：基于“三农”视角的分析［M］．北京：中国财政经济出版社，2005.

[83] 邹新阳．农地金融制度构建研究［M］．北京：科学出版社，2015.

2. 学位论文类

[84] 段晓锋. 论中国非正式制度对其经济制度变迁方式的影响[D]. 北京：中国人民大学，1997.

[85] 冯剑. 近代天津民间借贷研究[D]. 天津：南开大学，2012.

[86] 姜长云. 体制转型时期的乡镇企业融资问题研究[D]. 北京：中国社会科学院研究生院，2000.

[87] 李道永. 民国时期民间借贷习惯研究[D]. 郑州：郑州大学，2012.

[88] 李顺毅. 民国时期合作金库研究（1935-1949）[D]. 天津：南开大学，2012.

[89] 王选庆. 中国农地金融制度研究[D]. 杨凌：西北农林科技大学，2004.

[90] 昝金生. 民国时期江南农村金融研究[D]. 苏州：苏州大学，2011.

[91] 戴乐旺. 理性与道德之间：近代赣闽边民间借贷与乡村社会经济发展研究[D]. 南昌：江西师范大学，2003.

[92] 顾玉乔. 清代以来徽州乡村民间借贷研究：以《徽州文书》中收录的收借条为中心[D]. 合肥：安徽大学，2014.

[93] 王萍. 北洋政府时期的农业政策[D]. 济南：山东大学，2005.

[94] 颜娉婷. 20世纪30年代河南农村复兴运动研究[D]. 郑州：郑州大学，2011.

[95] 颜维怀. 二十世纪二三十年代江苏省农民银行农贷研究

［D］. 上海：华东师范大学，2007.

［96］杨双利．二十世纪三四十年代陕甘宁根据地乡村借贷关系研究［D］. 银川：宁夏大学，2013.

［97］张彬．抗战时期四川农业贷款探析——以农村合作金融为中心的考察［D］. 成都：四川师范大学，2011.

3. 期刊论文类

［98］鲍静海，吴丽华．德、法、美、日合作金融组织制度比较及借鉴［J］. 国际金融研究，2010（4）：48-53.

［99］常明明．20世纪50年代前期中国乡村借贷方式比较研究：以中南区为中心［J］. 中国农史，2008（3）：84-93.

［100］常明明．绩效与不足：建国初期农村信用合作社的借贷活动的历史考察：以鄂湘赣三省为中心［J］. 中国农史，2006（3）：94-102，61.

［101］常明明．建国初期农村私人借贷的社会经济效果考察：以湘、鄂、赣三省为中心［J］. 求索，2007（6）：226-228.

［102］常明明．私人借贷与农村经济和农民生活关系研究：以土改后中南区为例［J］. 中国农史，2007（2）：83-94.

［103］陈意新．农村合作运动与中国现代农业金融的困窘：以华洋义赈会为中心的研究［J］. 南京大学学报，2005（5）：75-85.

［104］陈玉宇．印度农村信用合作社的盛衰：农村金融扶贫中的商业原则和政策干预［J］. 改革，1996（4）：59-63.

［105］成功伟．抗战时期四川农村合作金融体系初探［J］. 社会科学研究，2010（11）：150-154.

［106］成功伟．抗战时期四川县级合作金库存款业务研究［J］. 西

南民族大学学报，2014（8）：220-224.

［107］孔荣等．信任、内疚与农户借贷选择的实证分析：基于甘肃、河南、陕西三省的问卷调查［J］．中国农村经济，2009（11）：50-59.

［108］黎志刚．民间借贷与乡村社会秩序：以民国云南为中心的考察［J］．昆明理工大学学报，2011（4）：63-68.

［109］李金铮．革命策略与传统制约：中共民间借贷政策新解［J］．历史研究，2006（6）：118-132.

［110］李金铮．华北抗日根据地私人借贷利率政策考［J］．抗日战争研究，2001（9）：35-53.

［111］李祖锋，陈龙．河南农村金融供给问题研究［J］．经济研究导刊，2010（31）：96-97.

［112］刘椿．抗战前国民政府的农村合作政策［J］．社会科学辑刊，2005（7）：128-134.

［113］刘椿．抗战前国民政府的农村信用合作运动［J］．南京社会科学，2005（6）：51-54.

［114］刘媛媛．德国莱夫艾森农村信用合作社发展历程及启示［J］．世界农业，2012（4）：51-53.

［115］马陵合．地方银行在农村金融中的定位与作用：以民国时期安徽地方银行为例［J］．中国农史，2010（9）：82-92.

［116］潘标．奋进与困境：抗战时期浙江省合作金库研究［J］．浙江学刊，2012（1）：43-49.

［117］彭南生，王闯．南京国民政府时期农村合作事业与农村经济：以河南省为个案的考察［J］．河南大学学报，2013（11）：32-38.

[118] 苏少之，常明明．新中国成立初期中南区乡村个体农民融资途径与结构研究 [J]．当代中国史研究，2009（4）：77-84.

[119] 苏少之，常明明．建国前后人民政府对农村私人借贷政策演变的考察 [J]．中国经济史研究，2005（3）：61-70.

[120] 孙建国．论民国时期上海银行业防弊与信用保证制度变革 [J]．中国经济史研究，2007（1）：60-67，82.

[121] 孙建国．中国征信所及其个人征信事业考察（1932-1949）[J]．史学月刊，2013（7）：60-66.

[122] 王方中．20 世纪 30 年代农村金融濒临枯竭问题初探 [J]．近代中国，1997（8）：168-200.

[123] 王光宇．真正农村金融机构的建立 [J]．银行家，2007（3）：96-99.

[124] 王伟等．村镇银行可持续发展的制约因素及对策研究：以河南省为例 [J]．郑州航空工业管理学院学报，2013（6）：103-108.

[125] 王志刚．南亚三国农村金融实践及其对我国的启示 [J]．经济问题，2008（12）：96-99.

[126] 温锐．民间传统借贷与农村社会经济：以 20 世纪初期（1900—1930）赣闽边区为例 [J]．近代史研究，2004（5）：184-217.

[127] 吴战勇．中部地区农户资金借贷实证分析：基于河南省 410 户农户的问卷调查 [J]．财务与金融，2011（2）：12-15.

[128] 许永峰．20 世纪 30 年代中国“商资归农”现象发生的多重原因 [J]．中北大学学报，2011（8）：19-24.

[129] 杨红运．20 世纪 30 年代江苏农村经济的衰败 [J]．华南农业大学学报，2014（1）：148-156.

［130］姚志成．民间借贷［J］．中国档案，1999（8）：13.

［131］佚名．中国农村金融学会首届年会学术讨论综述［J］．农村金融研究，1983（5）：15-20.

［132］易棉阳．民国时期国家农贷中的农贷悖论解读［J］．中国社会经济史研究，2011（12）：85-91.

［133］于治民．十年内战期间中国农村金融状况［J］．民国档案，1992（7）：77-84.

［134］昝金生．20世纪二三十年代江南农村信用合作社述论［J］．中国农史，2003（3）：69-75.

［135］张刚峰，于薇薇．意大利特伦蒂诺省的农村合作社［J］．中国农村经济，2003（2）：67-74.

［136］张晓辉．抗战时期广东农村的合作运动［J］．商场现代化，2010，（5）：83-84.

［137］郑良芳．社会主义初级阶段决定必须发展合作金融：对我国信用社体制改革争论的看法与建议［J］．金融研究，2002（3）：39-45.

［138］郑永福等．清末民初民间借贷中的民事习惯［J］．江西财经大学学报，2012（1）：96-102.

［139］訾红旗．“边缘”上的农村金融［J］．瞭望，2007（Z1）：35-37.

［140］本刊编辑部．关于农贷利息计算方法的综合答复和介绍［J］．中国金融，1954（13）：8-10.

［141］本刊编辑部．怎样正确认识农村金融工作的前途：对“农村金融工作同志中需要解决的几个思想问题”的讨论意见［J］．中国金融，1954（21）：17-18.

［142］碧涛．发放农业贷款应掌握勤俭办社的原则［J］．中国金融，1956（8）：25.

［143］蔡莳．介绍福建龙溪专区农村金融干部的政治业务学习领导［J］．中国金融，1954（9）：10.

［144］陈晓光等．河北三河虎将荘农村金融委员陈伯卿［J］．中国金融，1953（1）：8.

［145］陈亚．巩固信用合作社应注意的几个问题［J］．中国金融，1955（9）：10.

［146］陈仰青．在全面合作化的地区应该怎样进行工作［J］．中国金融，1954（14）：11-12.

［147］程泌．农村储蓄的发展与目前存在的一些问题［J］．中国金融，1953（1）：2-3.

［148］程益宗．对一年来农村金融工作的初步检查［J］．中国金融，1956（5）：9-10.

［149］春林．评“农村金融”半月刊［J］．中国金融，1956（10）：23-24.

［150］春孟．农村金融小组下乡记：报导农村金融工作座谈会［J］．中国金融，1951（5）：25-26.

［151］邓子恢．国务院邓子恢副总理在全国农村金融先进工作者代表会议上的发言［J］．中国金融，1956（17）：1-4.

［152］刁鹏云．西康天全支行组织贷款小组与农村金融委员会的经验［J］．中国金融，1953（4）：10.

［153］丁帆．到底去好呢？不去好呢？［J］．中国金融，1956（18）：25.

[154] 丁锡祥等．农村金融工作同志中需要解决的几个思想问题[J]．中国金融，1954（17）：20.

[155] 丁长欣．我热爱农村金融工作[J]．中国金融，1954（20）：23.

[156] 东业．华东区模范农村金融工作者黄建民[J]．中国金融，1953（1）：7-8.

[157] 杜子杰．农业保险的发展情况与问题[J]．中国金融，1953（1）：6-7.

[158] 段其寿．我们是怎样开展中小城市和农村的储蓄工作的[J]．中国金融，1951（6）：5-6.

[159] 复宗．农村金融岗位上的优秀战士[J]．中国金融，1956（11）：13-14.

[160] 高步蟾．加强营业所会计工作，适应农村金融工作开展的需要[J]．中国金融，1953（4）：18-19.

[161] 郭广渠等．黄主任的威风[J]．中国金融，1956（22）：24.

[162] 郭恒久．天津不法金融资本家怎样猖狂地向人民进攻的[J]．中国金融，1952（3）：21-22.

[163] 韩秋成．学习农民的艰苦朴素的作风[J]．中国金融，1954（13）：13.

[164] 禾乃．你的“一套”够用吗？[J]．中国金融，1957（8）：12.

[165] 虹光．何时甘雨来：一个农村金融工作者的愿望[J]．中国金融，1957（12）：17.

[166] 花虹．为什么会有这些现象？[J]．中国金融，1956（18）：25.

［167］黄德豫．湖南农村金融先进工作者代表会议片断［J］．中国金融，1956（14）：19.

［168］黄德钊．农村业务会计处理手续是怎样修订的［J］．中国金融，1952（16）：4-5.

［169］黄华．农村金融干部要学好总路线［J］．中国金融，1953（24）：4.

［170］黄宇宙．结合大辩论宣传收贷的意见［J］．中国金融，1957（20）：7-8.

［171］集羣．当前会计工作中存在的问题与今后改进意见［J］．中国金融，1954（7）：4-5.

［172］纪原芳．做好农村金融工作，促进农业合作化的发展［J］．中国金融，1955（24）：13.

［173］季化．各地学习政务院农贷指示的情况与收获［J］．中国金融，1953（24）：17.

［174］季化．内蒙分行发放新式农具贷款的偏向及纠正办法［J］．中国金融，1953（16）：15+23.

［175］季载．人民银行浙江诸暨枫桥营业所的农村金融工作［J］．中国金融，1953（3）：4-6.

［176］江玲．跨进农业社的大门［J］．中国金融，1957（9）：21.

［177］江永．有关农村高利贷几个问题的意见［J］．中国金融，1955（10）：17-19.

［178］蒋九如．怎样当营业所主任［J］．中国金融，1957（10）：13-14.

［179］晋士．领导干部深入实际才能纠正强迫命令［J］．中国金

融，1952（17）：23.

［180］靳鸿兴．对渔业放款工作的几点意见［J］．中国金融，1955（10）：15-17.

［181］克文．开好先进工作者代表会议［J］．中国金融，1956（9）：5.

［182］李恭．怎样结合贸易合作处理实物：农村储蓄工作经验介绍之一［J］．中国金融，1951（8）：26.

［183］李进军．农村金融工作的组织领导问题［J］．山西政报，1951（9）：45-48.

［184］李俊卿．我下乡工作的时候也坚持学习［J］．中国金融，1956（14）：24.

［185］李以宏．参观北京分行海淀区办事处的反浪费展览会［J］．中国金融，1958（5）：12.

［186］李稚华．把农业放款分到乡的做法好不好？［J］．中国金融，1957（9）：15.

［187］梁明申．必须在党政统一领导下做好农村金融工作［J］．中国金融，1954（20）：23.

［188］刘寒蕊，王之坤．百花齐放，锦绣满堂：记河北省农村金融先进工作者代表会议［J］．中国金融，1956（14）：20.

［189］刘恒志．努力完成粮棉优待储蓄工作［J］．中国金融，1954（18）：6-7.

［190］刘金华．青年社会主义建设积极分子的模范事迹鼓舞着我前进［J］．中国金融，1955（23）：26.

［191］刘芝仪．用总路线的精神检查我的农村金融工作［J］．中国

金融，1954（6）：25.

［192］柳锦帆等．乡乡建所，人人欢迎［J］．中国金融，1958（12）：22-23.

［193］柳峦松．劳动好工作好的宋旺同志［J］．中国金融，1963（7）：20-21.

［194］卢苇．农村信用合作工作的几个问题［J］．中国金融，1952（4）：14-15.

［195］芦华．目前农村金融工作中的情况和问题［J］．中国金融，1951（11）：17-18.

［196］鲁宗海．广西开展先进工作者运动的经验［J］．中国金融，1957（4）：21-22.

［197］慕君．“还好！还好！”［J］．中国金融，1957（10）：7.

［198］彭纯河．农村金融工作同志中需要解决的几个思想问题［J］．中国金融，1954（18）：15.

［199］齐念乔．农村金融工作同志中需要解决的几个思想问题［J］．中国金融，1954（13）：13.

［200］钱民华．农村金融工作同志中需要解决的几个思想问题［J］．中国金融，1954（15）：19-20.

［201］曲辰．粮棉优待储蓄兑付工作中应注意些什么［J］．中国金融，1955（7）：7.

［202］群兵．用事实来回答虹光同志的意见［J］．中国金融，1957（15）：9.

［203］若龄．学习党的指示，贯彻党的指示，做好农贷工作：学习“中国共产党中央委员会关于春耕生产给各级党委的指示”的笔记［J］．

中国金融，1953（9）：15-16.

［204］邵平．关于培养与训练干部加强农村金融工作的意见［J］．中国金融，1953（12）：15-16.

［205］邵式平．江西省人民委员会关于迅速活跃农村金融，大力支持农业生产的紧急指示［J］．江西政报，1956（12）：16-18.

［206］叔良．和风细雨在湖南［J］．中国金融，1957（13）：23.

［207］孙放．察省开展农村金融小组工作的综合报道［J］．中国金融，1951（6）：3-4.

［208］孙善模，钟太崇．结合粮食计划收购发展信用社的做法［J］．中国金融，1954（21）：11-12.

［209］孙新在．学习毛主席和党中央“关于农业合作化问题”文件后，检查农业信贷工作中的错误思想与做法［J］．中国金融，1955（24）：12-13.

［210］汤杰．扬州市支行是怎样推广先进经验的［J］．中国金融，1957（8）：23-24.

［211］田锦城．我为什么“磨洋工”？［J］．中国金融，1957（4）：25-26.

［212］田望．农村金融工作应为爱国丰产运动准备条件［J］．中国金融，1951（11）：16-17.

［213］田望．三年来的农村金融［J］．中国金融，1951（12）：7-8.

［214］王健．这些问题的原因何在？［J］．中国金融，1957（1）：10-11.

［215］王磊．加强县支行对营业所的领导工作［J］．中国金融，

1955（7）：5-6.

［216］王眉征．当前的农村金融工作［J］．中国金融，1953（24）：11-13.

［217］王志华．为金融业彻底改造的伟大胜利而欢呼［J］．中国金融，1952（18）：14.

［218］王志莘等．中国人民银行成立三周年笔谈［J］．中国金融，1951（12）：11-13.

［219］吴介农．黄岩支行农村营业所实行有规律循环流动制［J］．中国金融，1952（16）：12.

［220］吴志云等．怎样设置农村集镇营业所［J］．中国金融，1951（10）：21-22.

［221］萧孔．华北农村经济和农村金融工作中的主要情况［J］．中国金融，1952（4）：20.

［222］杨尚敢等．一场虚惊［J］．中国金融，1956（10）：12.

［223］佚名．安徽怀远支行在农村金融工作中有严重强迫命令作风［J］．中国金融，1953（6）：15.

［224］佚名．把宣传毛泽东思想当作自己的神圣职责：广东番禺县人民银行满怀革命激情帮助群众活学活用毛主席著作［J］．中国金融，1966（18）：20-21.

［225］佚名．不要东倒西歪［J］．中国金融，1956（13）：7.

［226］佚名．察哈尔农村金融工作的经验：察哈尔省农村金融工作会议的结论［J］．中国金融，1951（6）：1-3.

［227］佚名．从化县良口乡金融工作大放光彩［J］．中国金融，1958（6）：1-3.

［228］佚名．大力开展农村金融工作［J］．中国金融，1951（7）：19-20.

［229］佚名．大力推广合同制度是农村行开展各项业务的先进方法［J］．中国金融，1952（12）：5-6.

［230］佚名．当前水利贷款工作中的几个问题和意见［J］．中国金融，1953（17）：15-16.

［231］佚名．反高利贷座谈会综合记录（摘要）［J］．中国金融，1955（3）：12-14，11.

［232］佚名．甘肃省信用互助组经验介绍［J］．中国金融，1953（12）：16-17.

［233］佚名．高密支行去年夏季收贷工作的方法与经验［J］．中国金融，1954（12）：19-20.

［234］佚名．巩固信用合作社的几点经验［J］．中国金融，1953（11）：20-21.

［235］佚名．关于第一季度信用合作工作的报告［J］．山西政报，1955（12）：30-32

［236］佚名．关于信用合作社若干问题说明［J］．中国金融，1953（11）：23-24，21.

［237］佚名．海阳潘家信用合作社在业务经验上的几点经验［J］．中国金融，1954（2）：4.

［238］佚名．河南新郑县支行向全国农村金融工作者倡议苦战一年，决斗一春，积累雄资，支持跃进［J］．中国金融，1958（6）：15.

［239］佚名．积极地稳步地发展农村信用合作社［J］．山西政报，1954（7）：25-27.

［240］佚名．江西省抚州专员公署对贯彻省人民委员会 6 月 5 日“关于迅速活跃农村金融，大力支持农业生产的紧急指示”情况的报告［J］．江西政报，1956（14）：14-17

［241］佚名．介绍华东区建立集镇办事处的办法［J］．中国金融，1952（4）：18-19.

［242］佚名．金融业应展开反违法反盗窃的斗争［J］．中国金融，1952（2）：24.

［243］佚名．金融业展开反行贿、反偷漏、反盗窃的斗争 资耀华必须彻底坦白违法行为［J］．中国金融，1952（2）：28-30.

［244］佚名．纠正偏向，稳步开展信用合作工作［J］．中国金融，1953（11）：19-20.

［245］佚名．莒县支行是怎样组织服务站推进农村金融工作的［J］．中国金融，1953（1）：9.

［246］佚名．了解农民需要，为春耕生产贷款作准备［J］．中国金融，1954（3）：8-9.

［247］佚名．目前信用合作社业务中几个问题的商榷［J］．中国金融，1953（5）：14-15.

［248］佚名．农村保险工作［J］．中国金融，1951（7）：27-28.

［249］佚名．农村金融工作的方针任务［J］．中国金融，1951（7）：21-25.

［250］佚名．农村金融工作的重要意义和努力方向：南汉宸行长一九五一年五月十日在第一届全国农村金融会议上的报告［J］．中国金融，1951（7）：2-10.

［251］佚名．农村金融机构建设［J］．中国金融，1951（7）：

32-34.

［252］佚名．努力做好下半年的农业信贷与信用合作社工作［J］．中国金融，1955（19）：305.

［253］佚名．全国农村金融先进工作者代表会议情况［J］．中国金融，1956（15）：5-6.

［254］佚名．全国农村金融先进工作者代表会议全体代表给全国农村金融工作同志的一封信［J］．中国金融，1956（16）：6.

［255］佚名．人民银行甘肃省分行检查了三年来农村金融工作上的一些错误和缺点［J］．中国金融，1953（2）：7，9.

［256］佚名．人民银行固阳支行的农村金融工作［J］．中国金融，1952（14）：11-12.

［257］佚名．山西平遥县岳壁联村信用社典型介绍［J］．中国金融，1953（1）：1.

［258］佚名．山西省信用合作社调查报告［J］．中国金融，1953（5）：16-17.

［259］佚名．陕西省分行清理实物积压典型试办的体会［J］．中国金融，1954（3）：3-4.

［260］佚名．苏北宝应县泾河营业所的转变［J］．中国金融，1952（16）：10-11.

［261］佚名．苏北农村营业所的整账建账工作［J］．中国金融，1952（18）：21.

［262］佚名．天津分行集中训练郊区农村金融工作干部［J］．中国金融，1954（15）：24.

［263］佚名．西北区农村金融工作座谈会综合报告摘要［J］．中国

金融，1953（3）：1-2.

［264］佚名．像李芳洲那样学习和工作［J］．中国金融，1966（10）：16-17.

［265］佚名．信用合作座谈会总结［J］．中国金融，1954（10）：4-7.

［266］佚名．宣传灾区减免缓收办法时应防止和克服几种不正确想法［J］．中国金融，1953（21）：11.

［267］佚名．学习“农村工作的基本任务和方针政策”参考提纲［J］．中国金融，1953（15）：6.

［268］佚名．一笔放款节约资金一万一千元［J］．中国金融，1956（16）：9.

［269］佚名．一九五三年国家银行的农村金融工作［J］．中国金融，1952（17）：1-3.

［270］佚名．余姚支行全体妇女农村金融工作同志给农业银行总行行长的信（摘要）［J］．中国金融，1956（23）：23-24.

［271］佚名．漳浦支行组织与领导信用互助合作的经验［J］．中国金融，1954（4）：6-7.

［272］佚名．正确贯彻农业贷款政策［J］．山西政报，1954（10）：25-26

［273］佚名．中南区农村营业所工作座谈会纪要［J］．中国金融，1952（16）：6-8.

［274］阴山红．树立榜样，学习榜样：介绍“信用社大跃进工作经验”［J］．中国金融，1958（14）：26.

［275］芸植．苏南银行机构下推与农村金融工作［J］．中国金融，

1952（1）：22.

［276］张凤望，陈源泉．前牧城驿信用社是怎样加强对农业生产合作社现金出纳服务的［J］．中国金融，1955（13）：23-24.

［277］张荣辉．他们成长在祖国的边疆：云南省农村金融先进工作者代表会议散记［J］．中国金融，1956（14）：17-18.

［278］张思敏．改进营业所主任的领导方法［J］．中国金融，1957（14）：14-15.

［279］赵惠霖，张明宽．在总路线的光芒照耀下的农村金融员：侯忠礼［J］．中国金融，1954（13）：14.

［280］周代江．学习党的文件后，端正了我的错误指导思想［J］．中国金融，1956（1）：6.

［281］周建中．农村金融工作同志中需要解决的几个思想问题［J］．中国金融，1954（16）：19-20.

［282］周锡麟．梦寐以求［J］．中国金融，1957（13）：26.

［283］佐卿．漫谈“原则干部”［J］．中国金融，1957（11）：24.

4. 其他

［284］《信用社实用法规汇编》编委会．信用社实用法规汇编［Z］．北京：中国金融出版社，2004.

［285］范光华．发展中的河南农村信用社［Z］．北京：新华出版社，2000.

［286］龚关．两次全国合作会议与农村合作金融制度的演进［A］．2014年中国经济史学年会论文集（四）［C］．河南大学经济研究所编印，2014：13-22.

［287］何广文等．不同地区农户借贷行为及借入资金来源结构研究

[R]. 农业部软科学基金资助课题研究报告，1999.

[288] 何广文等. 金融机构经营机制转换对农户融资的影响极其政策选择 [R]. 国家自然科学基金课题研究报告，2003.

[289] 河南农村金融志编纂委员会. 河南省农村金融志 [Z]. 郑州：中州古籍出版，1996.

[290] 河南省地方史志编纂委员会. 河南省志（第46卷）金融志 [Z]. 郑州：河南人民出版社，1992.

[291] 淮阳县农村信用社编. 淮阳县农村信用社志（1951-2006）[Z]. 淮阳县农村信用联社编印，2006.

[292] 江西省农村信用社联合社. 大道无需：农村信用社改革探索与实践 [Z]. 江西省农村信用社联合社，2014.

[293] 开封市地方史志编纂委员会. 开封市志：财税金融卷 [Z]. 北京：方志出版社，2006.

[294] 黎志刚. 宋代民间借贷关系与小农经济 [A]. 2014年中国经济史学年会论文集（三）[C]. 河南大学经济研究所编印，2014：130-140.

[295] 林展. 阶级身份、互联性交易、季节性与民间借贷 [A]. 2014年中国经济史学年会论文集(一) [C]. 河南大学经济研究所编印，2014：74-90.

[296] 刘秋根. 晋商放账铺与近代农村金融 [A]. 2014年中国经济史学年会论文集（四）[C]. 河南大学经济研究所编印，2014：167-195.

[297] 王燕燕. 三农问题与乡村治理 [C]. 北京：中央编译出版社，2015.

[298] 卫毓俊．农村信用合作讲话［R］．沈阳：辽宁人民出版社，1955.

[299] 温铁军．农户信用与民间借贷研究［R］．中经网，2001-06-07.

[300] 谢庆健．农村信用社改革探索［C］．北京：中国金融出版社，2002.

[301] 赵学军．信用担保制度的变迁与农户融资的困境［A］．2014年中国经济史学年会论文集（四）［C］．河南大学经济研究所编印，2014：34-46.

[302] 中国金融年鉴编辑部．中国金融年鉴1986-2018［Z］．中国金融年鉴编辑部编印，1986-2018.

[303] 中国农业银行安徽省分行．信用社怎样开展业务［Z］．合肥：安徽人民出版社，1957.

[304] 中国人民银行济南分行．鲁豫农村信用社盘活贷款典型经验100例［Z］．山东省新闻出版局，2002.

[305] 朱荫贵．抗战时期的国统区农村金融［A］．2014年中国经济史学年会论文集（六）［C］．河南大学经济研究所编印，2014：53-67.

后　记

在博士后出站报告出版之际，回顾几年来的研究，总觉得有说不完的话，却又不知先从哪里说起。我本是一名河南大学马克思主义学院的在职教师，因为之前的博士学位论文研究的是《1950—1980年的上海私有住房》，大概是与经济有些联系的缘故，所以选择河南大学经济学院的博士后流动站作为再次深入研究的平台。再往前回想到考研的时候，自己曾选择经济史作为专业，总感觉自己的命运是那么奇妙。

无论如何，在河南大学经济学院孙建国老师的指导下，我的学术生涯随着博士后的研究有了新的突破。在博士论文的撰写期间，我也曾经在导师姜进教授的指导下做过人物访谈和田野调查，并因此受益匪浅。孙老师为做好自己所主持的开封市国民经济和社会发展“十三五”规划项目，带着我和其他几位博士后，还有博士生、硕士生，跑遍了开封的各个区、县的各个部门。这种实事求是的学术精神一直激励着我做好学术人的本职工作。因此，如果要在本书的结尾进行致谢的话，孙老师是当之无愧的。

同时，我还要真诚地感谢马克思主义学院的马润成、张兴茂、杨光辉、张向东等所有院领导几年里的支持，是他们让我能够有更多的时间和精力去安心完成这本书。当然，在此也要同样感谢我的硕士生导师郭常英教授，也是因为做博士后的缘故，郭老师总是尽量让我在她的团队中少承担一些琐碎的事务，让我这个国家重大项目的参与人总感觉所做的工作并不够。另外，河南大学经济学院的耿得科老师也在博士后的研究工作以及经济学的研究方法上给予了我不少指点。当然，我还要真心地感谢我的爱人，是她一边忙于辅导员的繁杂工作，一边承担了照顾两个孩子的主要任务，为我争取了大量时间。

总之，本书虽然署名于我，但还凝聚了其他一些老师的心血，也包含了不少领导和同事的支持和帮助。这个短短的致谢并不能真真切切地完全表达我对他们的深深谢意。惭愧之余，唯有进一步努力前行，方不负所有关心、支持我的各位师友！

李爱勇于大梁